BREAK

to be new and different

打開一本書

打破思考的框架，

打破想像的極限

高寶書版

世界很吵，心很安靜

品讀20杯陶淵明的酒，人生不管順境逆境都能豁達自由

著名文化學者
費勇

目錄 CONTENTS

目錄 CONTENTS

序 人生真不如陶淵明那一杯酒

01

「在世俗沉沉的醉夢裡了悟人生真諦，活得很清醒，只有陶淵明吧。」這是蘇東坡說的，原話是「夢中了了醉中醒，只淵明」。這句話彷彿很清晰，但稍稍思量，就有點朦朧，到底什麼是醉什麼是醒，實在不太容易說清。我有一位精神病科的醫生朋友經常說：你們正常人在精神病人眼裡是不正常的。又說：精神病人活得比你們清醒。

木心先生有一句很深的感嘆：「有時，人生真不如一句陶淵明。」這句話就像人生那樣，很費思量。因為很費思量，所以，就不必思量。就像陶淵明經常說的，想那麼多幹麼呢？

季節慢慢地流轉，又是一個美好的早晨。
穿上春天的衣服，晃晃悠悠到了東郊。

山巒剛剛從朝霧裡探出頭來，天空浮動著薄薄的雲。
風從南方吹來，那些幼苗在風中好像長出了翅膀在飛翔。

浩浩茫茫的湖水，洗滌我們的塵埃。
遠方的景色啊讓人欣喜，人的本心啊多麼容易滿足。
只要有一杯酒，就怡然自樂。

望著湖的中央，恍如回到了魯國時代的沂水。
大人小孩完成了一天的功課，到湖邊逍遙歌詠，然後回家。
我熱愛曾點所說的那種寧靜，日夜嚮往那種寧靜的生活。
只可嘆那個年代已經過去很久了，再也回不去了。

早晨出來，遊蕩到晚上，回到家裡。
花卉藥草長滿了院子，樹林鬱鬱蔥蔥。
床上有一把寂寞的琴，壺裡還有濁酒半杯。

（譯自《時運》）

是的，想那麼多幹麼呢？只要有一杯酒就怡然自樂。這是陶淵明《時運》裡的見解。《時運》這首詩有一個序言，序言裡提到這首詩的緣起是自己一個人去春遊，有點感慨，於是寫了這麼幾句詩。

序言裡，陶淵明提到另外一次春遊，是《論語》裡記載的，並不是一次真實的春遊，而是孔子和學生答問裡的春遊。如果我們把場景放在現在，大概會是這樣的：

孔子問他的幾個學生：「各位談談自己的夢想吧。」子路回答：「我打算先定一個小目標，一年後完成一個P2P項目，融資一億。我會先做一個美女直播，吸引大家進來，最後，做成一個賣夜宵的平臺。三年後在證交所上市。」孔子微笑了一下，沒說話。

冉有接著說：「我也定一個小目標吧。一年後我要做成一個超級IP。我已經看中了一個小漫畫家，她專門畫兔子。我打算好好包裝她，讓她先成為網紅，然後，我會出品一系列她的兔兔產品，從書本到電影，從衣服到筆記本，還要開店。開遍全世界。然後去紐約交易所敲鐘。上市後我會送給老師一千原始股。」孔子聽了，也沒有說什麼。

還剩下曾點沒說。他一直在彈琴。孔子問他的夢想，他停止彈琴，說：「我睡得比較沉，不做夢。」孔子說，不過是說說自己的夢想而已，說出來又有什麼關係呢？於是，曾點說：「剛才彈琴的時候，看到窗外的樹上冒出了淡淡的綠色，春天要來了。我也定一個小目標吧，等一下下課，我會約上幾個朋友，去爬白雲山，找一家大排檔，坐在那裡看看夕陽、吹吹風、吃點東西。天黑了，就一路唱著歌下山，回家。」孔子聽了，說：「我覺得還是曾點說的比較靠譜。」

相比之下，曾點的夢想最不遠大，不，完全沒有夢想。在大家都做夢的年代，他懶得做夢。但是，孔子說，他覺得曾點比較靠譜。為什麼呢？子路等人說的夢想都是了不起的大事，也就是我們說的事業；曾點說的是生活小事，一件很小的事情：下課後約了朋友去爬山。孔子卻說，那些偉大的事業其實都不太靠譜，反而去爬爬山唱唱歌，還比較靠譜。

曾點講的，確實不是什麼了不起的事業，但恰恰就是生活本身。如果說，我們要去做子路們所說的那種事業，需要一定的知識和歷練，還需要一定的機緣，才能達成；那麼，曾點所說的事，我們每個人都可以去做，不管是貧窮還是富有，不管是在創業，還是閒暇在家，只要我們願意，我們就可以做。我們做曾點的事，只需要生活的能力。

很多人具有政治或商業的能力，卻缺乏生活的能力，缺乏隨時隨地在生活裡發現美的能力，缺乏隨時隨地享受生活的能力。而這種能力，是每個人天然具備的，只是被很多人遺忘了。很多人迷失在手段裡了，忘了不論多大的事業，真正的目的是為了生活。所以，歌德告誡我們：不要忘了生活。

曾點的話，還暗含了一個意思：人們活在世界上，做成什麼事業並不重要，重要的是在一個一個當下，你能不能活出自己，能不能隨時隨地享受生活的美和生動。陶淵明在他的詩裡還發現了另一個意思：寧靜。他說他愛曾點說的那種寧靜。人們不僅在追求事業的過程裡忘掉了生活本身，也在時代的喧鬧裡忘了生活的寧靜底色。

陶淵明用他一生的行動，告訴我們如何找到通向寧靜生活的道路；告訴我們熱愛什麼都不如熱愛生活，追求什麼都不如追求個人的自由；告訴我們，如果向外能夠時時領略自然的美，不忘我們只是大自然裡的一個因數、一片葉子，向內能夠時時保有人的深情，那麼，不論窮或富，都可以度過美好的一生。

這些有點複雜的意思，凝聚在一個簡單的句子裡：只要有一杯酒就怡然自樂。因為這句話，我覺得木心先生那句「有時人生真不如一句陶淵明」，不如改為：人生真不如陶淵明那一杯酒。今天，很多人在嚷嚷著做自己，要過自己想過的生活。怎麼做自己呢？怎麼過自己想要過的生活呢？在我看來，對於普通人來說，最好的答案就在陶淵明那一杯酒裡。

02

做自己。現在已經是一句很流行的話。但自己是誰呢？是那個想要發財的自己呢，還是那個想要清靜無為的自己呢？是那個悲哀的自己呢，還是那個快樂的自己呢？我們的「自己」非常不確定。陶淵明有一首《形影神》詩，從形、影、神三個角度做了一個探討。「形、影、神」代表著人的三個層面，也就是三個不同層面的「自己」。形，是肉體層面，相當於佛教說的「色身」；影，是社會層面；神，是靈性層面。

怎麼樣做自己呢？「形」（肉體層面的「自己」）的回答非常簡潔：人生短暫，不如喝酒。與陶淵明差不多同時代的皇帝司馬曜用更簡單的一句話表達了出來。司馬曜看到有一顆流星飛過，拿著酒杯對著流星說：「勸爾一杯酒，自古何時有萬歲天子？」一起喝一杯吧，反正最後都是一死，何不現在就飲酒作樂？活著，就是為了快樂。所謂做自己，就是做快樂的自己。

「影」（社會層面的「自己」）的回答是：人生短暫，喝酒固然暫時地消解了憂愁，但是，這個世界上還有比享樂更重要更有意義的事。這個意思可以用文天祥的詩來表達：「人生自古誰無死？留取丹心照汗青。」

蘇格拉底被判處死刑。他的朋友克力為他籌劃一次越獄，蘇格拉底拒絕了。蘇格拉底當然害怕死亡，希望活著，但是，在他眼裡，法律和榮譽比生命更加重要。他要用死來表達自己對於法律的尊重，他說人重要的，不是活著，而是活得更好。這個好，大概就是意義。

生命是會消失的，但是，人做了有意義的事情，就會留下名聲。名聲可以超越時間，一代一代地傳播下去。活著，就是要奮鬥，要做一番有意義的事業。所謂做自己，就是要做有價值的自己。

「神」（心靈層面的「自己」）的回答是：喝酒固然快樂，卻傷身（凡是快樂的事好像都有點傷身）；做有意義的事，固然能夠留下名聲，但人死之後，什麼都不知道，名聲又有什麼意義？不如回到宇宙自然裡，自由自在。死後怎麼樣，我們是不知道的，所以，沒有必要為死後操心。但是，此生我們是知道的，知道一定會死去。所以，活著就要自然而然，不必強求，不必胡思亂想。所謂做自己，就是做宇宙裡的自己，做那個自然的自己。

03

表面看，陶淵明對於「形」和「影」的追求是否定的，他贊同的是「神」的回答，「縱浪大化中，不喜亦不懼。應盡便須盡，無復獨多慮」。在宇宙裡自在地享受自己的生命，不歡喜也不害怕，該去的就隨它去，沒有必要想來想去顧慮多多。

但我們細細品味「神」的回答，卻發現這個回答其實包容了「形」和「影」的追求。陶淵明對於追求長生（長壽）的生活方式，是摒棄的；對於肉體的享樂，是懷疑的；對於追求功名，是懷疑的；對於來世、輪迴，是懷疑的。但在懷疑中，他喝了一輩子的酒，年輕的時候，乃至到了中年，還是想著為社會做一點有意義的事情，反覆幾次辭官又做官，直到中年才徹底辭官，歸隱田園。

陶淵明的「縱浪大化中」，其實是包容了肉體的享樂和社會功名的追求，只是陶淵明對於這種享樂和功名，採取了一種自然而然的態度，不刻意，不強求，不受世俗拘束，獨來獨往。陳寅恪先生把陶淵明的人生觀，稱作「新自然主義」，有莊子的深刻影響，又或多或少有儒家和佛家的影響，但又不是任何一種學說的信徒。只是一個自由來往的個人，更確切地說，陶淵明屬於真正自己承擔自己的人。我們大多數人依賴某種體制承擔自己，或者依賴某種信仰承擔自己。而像陶淵明那樣的人，有非凡的勇氣自己承擔自己。

赫塞小說《流浪者之歌》裡的悉達多很像陶淵明。悉達多和朋友喬文達一起去尋找人生的真理。結果，見到了佛陀，兩人都為佛陀的魅力和學說所吸引。喬文達馬上就決定留下來，跟隨佛陀，把自己交給佛陀，做一個虔誠的信徒。但是，悉達多卻決定離開佛陀。

為什麼呢？悉達多這樣解釋：「稀有世尊，我未曾有一刻懷疑您，我未曾有一刻懷疑您是一切圓成的覺者，您已經達到千萬婆羅門及其子孫們所要達到的目標。您已經超拔了死亡。您以自己獨自的追尋，以自己獨特的方式，透過思考，透過冥想，透過知識，透過覺醒而達成了這一目標。您並未透過教義學會任何東西。所以，我認為，世尊，任何人無法透過教義得到救贖。稀有世尊，您不可能以言辭和教義向任何人傳達您在覺醒的那一刻所體驗的事件……這就是我為什麼要繼續走我自己的路——並非去尋求另外更好的教條，因為我知道那並不存在，而是要離開所有的教條和導師來達到自己的目標——不然就去死。」

悉達多離開佛陀的原因並非佛陀不夠究竟，而是他認為佛陀是透過自己的體驗證悟的，自己也應當透過自己的體驗去證悟，而不是根據佛陀的教義去生活。也就是說，每個人活在世上，都應該在懷疑中不斷去體驗生命的奧祕，找到屬於自己的道路。

04

日本的吉田兼好也有陶淵明的影子。吉田兼好是日本南北朝時代的人，做過官，出過家，最後雲遊四海，以一個浪人的身分走完一生。佛教、儒家、老莊對他都有影響，又都沒有完全影響他。他走的是自己的路。在吉田兼好看來，這個世界什麼都靠不住：「權勢不可依賴，因為強者先亡；財富不可依賴，因為可以輕易散盡；才學不可依賴，因為孔子也有懷才不遇的時候；德行不可依賴，因為顏回也是不幸之人；君王的寵倖不可依賴，因為說不準何時會有殺身之禍；奴僕的恭順不可依賴，因為難免有叛逃的事發生；人的志向不可依賴，因為志向總有變化的時候；說好的事，不可依賴，因為守信的人太少。」

既然世間這一切都靠不住，那麼，靠什麼呢？靠自己的心態。「時運來時固然可喜，時運背時也不要抱怨。左右廣大才無障礙，前後遠闊方能通暢。若置身逼仄處，則容易有衝突毀損。若用心於狹隘處，則不能舒坦通泰；忤逆他人而與之相爭，則容易傷及身體，若能心寬而性柔，才可以毫髮無損。」

「人心如能廣大無垠，則不為喜怒所羈絆，也不為外物所煩惱。」

05

吉田兼好的人生態度，是陶淵明「縱浪大化中」的一個注解。陶淵明、吉田兼好、悉達多是同一類人，他們都看透了這個世界。看透世界之後，他們不願意把自己交給某種教條，也不願意把自己交給某種體制，他們不願意受世俗的束縛，而是把自己交給了自然，交給了宇宙，交給了不可知。然後，自己承擔自己的生命，自己享受自己的生命。

陶淵明生於東晉哀帝興寧三年乙丑，也就是西元三六五年（也有一種說法是東晉穆帝永和八年，也就是西元三五二年）。他一生大部分時間，住在江西廬山附近的潯陽，也就是現在的九江。西晉滅亡之後，中國南北分裂，南方的東晉建都在建康（今南京），而荊州、潯陽一帶成為南方政權重要的軍事基地。又因慧遠大師在廬山結社修行，潯陽一帶也成為文人聚集的地方。

陶淵明的曾祖父陶侃不是一般人，今天我們翻開任何一本中國歷史，只要寫到東晉，一定會有陶侃的名字。陶侃的父親陶丹是三國時候的吳國人，憑著軍功做到揚武將軍。西晉滅了吳，一下子使得陶丹成為亡國的平民。陶侃的童年時代非常貧困，但他和他母親發憤要振興家族。

《世說新語》裡有陶侃和他母親的故事，很勵志。有一次同郡一位有身分的人要住在陶侃家裡。那時正好是冬季，很冷。陶家窮得連吃飯的米和取暖的柴火都沒有。陶侃的母親剪掉了自己的頭髮，賣掉後換來幾十斗米，又砍掉家裡的柱子當柴燒，好好招待了那個有身分的人，弄得人家感動得要流淚。第二天陶侃送他上路的時候，他對陶侃說：「你放心回家吧，我到了洛陽一定幫你宣傳宣傳。」

陶侃的機緣來自西晉的滅亡。西晉滅亡之後，北方的貴族逃亡江南，以南京為首都建立東晉，在這個過程裡，陶侃脫穎而出，成為東晉政權的開國功臣，被封為長沙公。但是，魏晉南北朝時代，講究門第。陶侃雖然權力很大，由於不是貴族，仍然受人歧視。他死後，他的幾個兒子又為爭奪爵位自相殘殺。庾亮立即取代了陶侃的位置。

到陶淵明的祖父輩，陶家已經衰敗。到他父親輩，已經淪為貧苦人家。陶淵明的外祖父孟嘉，是當時很有名望的名士，一生可以做大官卻不願意做大官。陶侃的進取，孟嘉的逍遙，在陶淵明身上好像都有傳承。陶淵明在好幾篇詩文裡，提到從小就貧寒，運氣很差，為了生計東奔西走。但同時，陶淵明從小受的還是儒家的教育，有著一番志向，要報效國家。《擬古》裡說：「少時壯且厲，撫劍獨行遊。」又在《讀山海經》裡說：「刑天舞干戚，猛志固常在。」

他一生的矛盾就是仕和隱，用現在的話來說，就是要不要當官。為什麼會有這樣一個矛盾呢？因為在陶淵明那個年代，做官是知識分子實現理想、獲得社會功名的唯一途徑，但陶淵明的個性以及他對於生活的理想，和現實的官場完全扺牾，這使得他常常猶豫、搖擺、掙扎。他從二十歲開始，大約做過一些低級的官職。但真正意義上的做官，應該是在二十九歲那年，做了江州的祭酒。

江州祭酒是一個什麼樣的官呢？據《宋書．百官志下》記載：「晉成帝咸康中，江州又有別駕祭酒，居僚職之上。」又載：「州祭酒分掌諸曹兵、賊、倉、戶、水、鎧，揚州無祭酒，主簿治事。」這個官職好像是刺史的助理，幫助刺史協調各個部門之間的工作。不是一個閒職，而是一個非常關鍵的職位。著名書法家王羲之在任江州刺史的時候，設置了這麼一個職位。他的兒子王凝之當江州刺史的時候，邀請陶淵明做祭酒。

但陶淵明做了不到一年，就「不堪吏職」，不能適應官場的生活，自己辭職了。那個時代推崇名士，陶淵明的辭官反而提升了他的名望，所以，州裡又邀請他去做主簿。但陶淵明想了想，還是謝絕了。一直到三十四歲那一年，又再次當官，進了桓玄幕府。在桓玄的幕府，差不多六、七年，卻遇到劇烈的權鬥。桓玄篡奪了東晉的皇位，自己當了皇帝，國號為楚。陶淵明因為母親去世，在桓玄自立皇帝的時候正好奔喪在家。

不久，劉裕平定了桓玄的篡位（劉裕恢復了東晉，但沒過多少年，也就是西元四二〇年，他逼迫晉恭帝禪讓，自己當了皇帝，國號為宋。西元四二一年，劉裕派人殺了已經禪讓帝位的晉恭帝）。陶淵明又在劉裕的幕府裡做了一段時間的參軍。很快又轉任建威將軍劉敬宣的幕府。不久，又擔任了彭澤縣令，只做了八十多天，就辭了職，留下一篇不朽的《歸去來兮辭》。從此，回到潯陽，過著邊種田邊讀書的田園生活，一直到西元四二七年去世，再也沒有出去當過官。

06

陶淵明一生真正做官，其實就是在桓玄、劉裕、劉敬宣的幕府做幕僚，以及做彭澤令，差不多有十年光景。這期間正是朝代更替的亂世，先是桓玄自立為皇帝，後是劉裕徹底推翻了東晉，建立宋朝。陶淵明最後辭掉彭澤令，從此不論誰禮請他出山做官，他都毫不猶豫地拒絕了。

為什麼會這樣決絕？有一個在中國幾乎家喻戶曉的故事，說是陶淵明在做縣令的時候，郡裡派了一個督郵到縣裡視察工作，辦公室的人交代陶淵明必須束帶拜見督郵，陶淵明一聽，就甩下一句：「吾不能為五斗米折腰。」就扔下官帽辭職了。這個場景，感動了中國人一千多年，對於長期受官僚欺負的中國人而言，實在是既痛快又解氣又浪漫，但經不起推敲，因為在彭澤令之前，陶淵明已經做過幾次官。如果僅僅因為官場的禮儀讓他難以忍受而不再做官，那麼，他早在二十多歲第一次做小官時就該徹底辭職了。

於是，又有另一種說法，陶淵明的「不為五斗米折腰」，是在辭江州祭酒時候說的。為什麼要說這句話呢？因為當時的江州刺史王凝之，信的是「五斗米道」。陶淵明對於正宗的佛教都抱著游離的態度，對於這類教派當然更不以為然，不願意在一個信這種教派的領導下做事。這種說法好像有一點點的道理，但也只是一種猜測。

不管怎麼樣，辭掉彭澤令之後，陶淵明對於仕途，是徹底死了心，不論有什麼機會，他都不曾動過心，從此堅決地按照自己的意願過著自己的生活。據梁代蕭統寫的《陶淵明傳》，元嘉三年，也就是陶淵明去世的前一年，江州刺史檀道濟帶著米和肉去看望貧困中的陶淵明，看到陶淵明餓得不成樣子，就感嘆說：「賢者處世，天下無道則隱，有道則至。今子生文明之世，奈何自苦如此？」

檀道濟的意思是：聰明人遇到世道好的時候就做官，世道不好的時候就退隱；現在的天下，是從未有過的盛世，先生何必這樣自己和自己過不去？陶淵明淡淡回答：「潛也何敢望賢，志不及也。」大意是說：我陶潛哪裡敢和那些聰明人比啊，我實在是沒有能力做官啊。

這個回答很簡單，也很謙虛。但在我看來，卻是陶淵明辭官的真正原因。陶淵明的痛苦，在於他天性不喜歡官場的套路，卻不幸生在一個除了做官好像沒有什麼出路的時代。這個回答也把陶淵明和中國歷史上一大批假隱士區別開來了。「無道則隱，有道則至」的說法，使得一些士大夫把「隱」當作一種政治資本。姜太公釣魚，他的志趣並不在釣魚本身，而是等待著能夠理解他的君王出現，請他去發揮自己的治國才能。翻看中國歷史，這樣的隱士，比比皆是，並延展開去，造成一種很虛偽的社會風氣。

07

陶淵明的隱，是他真正喜歡這種生活。在一個與自己的內心格格不入的時代，陶淵明退隱到自己的世界裡。在那個世界裡，他透過喝酒這樣一種很世俗的日常行為，找到了一個讓自己提升和安靜的出口。他為自己寫了一篇傳記，叫作《五柳先生傳》：

先生不知何許人也，亦不詳其姓字。宅邊有五柳樹，因以為號焉。閒靜少言，不慕榮利。好讀書，不求甚解；每有會意，便欣然忘食。性嗜酒，家貧不能常得。親舊知其如此，或置酒而招之。造飲輒盡，期在必醉；既醉而退，曾不吝情去留。環堵蕭然，不蔽風日，短褐穿結，簞瓢屢空，晏如也。常著文章自娛，頗示己志。忘懷得失，以此自終。

贊曰：黔婁之妻有言：「不戚戚於貧賤，不汲汲於富貴。」其言茲若人之儔乎？銜觴賦詩，以樂其志，無懷氏之民歟？葛天氏之民歟？

這應該是他自己生活的真實寫照。陶淵明如果活在今天，大約是嬉皮士一類的人，追求個人自由，不受社會主流的左右。獨來獨往，自得其樂。陶淵明做彭澤令的時候，命令縣裡的公田都種秫穀，因為秫穀可以釀酒。他妻子覺得這個太過分了，堅持一頃五十畝種秫，五十畝種粳。晚年的時候，顏延之有一次路過他家，送給他兩萬錢。他拿到後就讓兒子送到酒家那裡去，全部存著買酒喝。

魏晉時代飲酒風氣很盛，比如嵇康、阮籍等竹林七賢，喝得驚天動地。陶淵明的喝酒，和他們不太一樣。他們是聚在一起喝，即使一個人喝的時候，也像行為藝術。陶淵明一生，大部分時候，是獨飲。即使和別人一起喝，也好像是獨飲。他有時請大家來自己家裡喝酒，他自己先喝醉了，就說：「我醉欲眠，卿可去。」大意是：我醉了，先睡了，你們喝完自己走人。這句話裡有人情的親切隨和，又有一點孤獨。

又傳說他有一張無弦琴。他喝酒的時候，常常撫這張琴，覺得如果明白音樂的趣味，不需要彈出聲音來。他為人隨和而不失原則。檀道濟送他米和肉，他退回去了，因為他和檀道濟不熟悉。顏延之給他錢，他收了，還全部拿去買酒了，因為顏延之是他朋友。刺史王弘邀請陶淵明去州府，陶淵明沒有去。王弘親自去陶淵明家裡拜訪，陶淵明以身體不好為由拒絕出來相見。

王弘反而更敬重陶淵明。有一次知道陶淵明要去廬山，就請龐通之半道攔下了他。王弘終於見到陶淵明，又請他去州府。陶淵明坐在自己的籃輿中，讓兒子和門生抬著，不坐官府的轎子，一路上和王弘說說笑笑。

另有一個傳說，叫虎溪三笑。當時的高僧慧遠大師在廬山修行，以虎溪為界，送客只送到虎溪橋為止。但有一天，陶淵明和道士陸修靜到訪，三個人聊得非常投緣，送客的時候還依依不捨，談興正濃，不知不覺過了虎溪橋。三人相視大笑。後人還寫對聯：

橋跨虎溪，三教三源流，三人三笑語；

蓮開僧舍，一花一世界，一葉一如來。

還有許多畫，記錄這次傳說中的美好相會，儒（陶淵明）、道（陸修靜）、佛（慧遠）的美好相會，「象徵著三位無憂無慮的智者的歡樂，象徵著在幽默感中團結一致的三個宗教的代表人物的歡樂」。（林語堂）

虎溪三笑不過是一個虛構的故事，只是說明瞭中國人對於儒、釋、道合流的一種想像。事實上，陶淵明並非純然的儒家，當然也不是道家，更不是佛家，但毫無疑問，儒、釋、道的思想資源，都被他運用到自己的實際生活裡，他個性化的思想，顯現了某種程度上儒、釋、道的合流。陶淵明用他一生的生活實踐，構建了自己的一套人生哲學，但我們可以從他的哲學裡，聽到儒、釋、道的迴響。

08

陶淵明的喝酒，不完全是借酒消愁，更不是借酒裝瘋賣傻、逃避現實。他的喝酒，很像他外祖父孟嘉的風格。桓溫有一次問孟嘉：「酒到底有什麼好的，你老兄那麼貪戀它？」孟嘉笑著回答：「你老兄實在是不懂得酒中的趣味啊。」

喝酒喝出了生命的趣味，這是陶淵明的境界。喝酒對於陶淵明來說，就是一種日常生活，一種可以體味生活之味的途徑。陶淵明把自己放在了宇宙這個大格局裡，在宗教和儒家之外，找到了另外一種活法，一種更理性更自然的活法，一種不受世俗拘束的活法。這種活法最高的原則是「真」。

什麼是「真」呢？據說在《莊子》之前，中國的文獻裡幾乎沒有出現過「真」這個字。莊子大量運用這個字，把它作為最高的人生境界。陶淵明對於「真」的理解和追求，和莊子一脈相承。莊子把「真」界定為「精誠之至也」。所謂「誠」，指的是天道，「物之終始」，所以，莊子講的「真」，指的是人活著要超越世俗，回到最高的「天道」。只有合乎「天道」，人才可能獲得真正的自由。

陶淵明辭官回歸田園，喝酒種地，成就了自己「真」的一生。他的一生，受到貧窮的困擾，但任何時候，都沒有什麼東西能夠阻止他對於生活的熱愛以及對於生命的享受。而他對於生活的熱愛和對於生命的享受，幾乎都體現在喝酒這樣一個日常行為裡了。陶淵明的詩，幾乎每一首裡都有酒的清香。但最集中的，是《飲酒》組詩，大約寫於他完全歸隱之後，一共二十首。

在《飲酒》組詩的前面，陶淵明有一個小序：「我平日生活裡沒有什麼樂趣，加上近來夜晚時間很長，更感寂寞，偶爾有名酒，沒有一晚不喝的。對著自己的影子喝得盡興。喝著喝著就喝醉了，醉倒之後，就寫幾句詩自娛自樂。慢慢寫在紙上的詩就多起來了。言辭很隨意，沒有什麼章法。姑且請故友書寫傳閱，不過博大家一笑而已。」（餘閒居寡歡，兼比夜已長，偶有名酒，無夕不飲，顧影獨盡。忽焉復醉。既醉之後，輒題數句自娛，紙墨遂多。辭無詮次，聊命故人書之，以為歡笑爾。）

但我們細細品味這二十首詩，感到的，是既沉重又輕盈。陶淵明的人格，以及他對於人生的思考，對於美的細微感受，都沉澱在這二十首詩裡了。每一杯酒，都帶給我們如何生活的思考和啟示。在這個好像失去了方向的年代，我們不妨和陶淵明一起痛飲二十杯，看清人生的真相，找到我們生命的內在道路。

09

喝酒之後，容易感慨。就像昨天，我在老家和從前的朋友喝花雕。喝著喝著，就會聊起很多我們以前的朋友、熟人，有些去世了，有些發達了，有些進監獄了，有些在鬧著什麼事。聊起我們曾經工作過的單位、行業，起起伏伏的，換了一任一任的領導，換了一波一波的風氣。我們感嘆著，相互勸著酒，酩酊大醉。醉後回家，當夜夢回年少時光，決定不忘初心，從此要好好過自己的生活。但早晨起來，還是各奔東西，回到名利場，不知不覺陷在了一個叫作現實的泥潭中，重複著別人的路。

陶淵明喝酒往往是一個人喝酒。他不是那種很熱鬧的喝酒，而是獨飲。一個人獨自喝。這組飲酒詩應該寫於陶淵明的晚年，那時候，東晉的將領劉裕已經官至相國，封為宋公，他篡奪皇位的野心已經非常明顯，而東晉王朝已經搖搖欲墜。陶淵明曾經在劉裕的部隊裡做過參軍，以前也在桓玄的手下做過官，經歷過很多混亂的時光。現在，他已經老了，而混亂還在繼續。繼續著爭奪權力，而不管誰奪得了權力，都不會有真正的改變。

所以，你們去鬧吧，去爭吧，去鬥吧，去折騰吧，而我就在這裡，在秋天的陽光裡，一個人靜靜地喝喝酒，聽著蜜蜂嗡嗡，聽著風從樹梢間淡淡溜過，就這樣淡淡地看著你們得勢了、失勢了，看著那些繁華忽然間就倒了，那些衰敗突然間就來了。

10

在這個變幻莫測的世界裡，在這個潮流洶湧的時代裡，在這個到處都是路，到處又沒有路的社會裡，我啊就在桃花源裡喝喝酒，靜靜地看著你們鬧。

第一杯

無路可走的時候
怎麼走

衰榮無定在，彼此更共之。
邵生瓜田中，寧似東陵時！
寒暑有代謝，人道每如茲。
達人解其會，逝將不復疑；
忽與一樽酒，日夕歡相持。

—— 陶淵明《飲酒》(其一)

衰敗、繁華並不是固定在某個所在，
而是彼此交替著為這個世間所共有。

那位邵平先生在田裡種瓜，
你怎麼會想到他從前是秦朝的東陵侯？

寒冷炎熱總是不斷流轉，人事也是如此不斷變幻。
通達的人洞察了流變的時機，就決心不再有任何疑惑。

忽然得到一壺酒，
就痛痛快快地從白天暢飲到晚上。

01

這幾天，到處看見「絕望」這個詞。很多人在說：比貧窮更可怕的是絕望。魯迅說：最深的絕望，是夢醒了無路可走（出自於《娜拉走後怎樣》）所以，要免於絕望，對於政府而言，要建設一個人人有路可走的社會系統；對於個人而言，每當處於絕境的時候，要能夠為自己找到一條小小的逃生的路。都不是容易的事。

這幾天，我自己，時不時地會有一些小小的絕望。有些事情，好像不論怎麼努力，都沒有辦法達成。就像我一個朋友說的，感覺失去了方向，只想躺著什麼都不去想。也許，什麼都做不成的時候，有打打雞血之必要，讀讀勵志故事之必要。

關於絕望，有一個勵志故事，我印象很深。說是三個死囚，假定一個叫王胖，另一個叫張胖吧，還有一個叫李胖。馬上就要執行死刑了。張胖面對豐盛的晚餐，覺得死前還能吃上一頓這麼好吃的晚餐，實在太知足、太感恩了，就安心坐下來美美地吃起來。李胖呢，覺得馬上要死了，又害怕又心灰意冷，顫抖著等待死神的降臨。而王胖呢，卻不斷地聲嘶力竭地大叫：「我要見國王，我一定要見國王，我要告訴他一件天大的祕密。」

終於驚動了監獄長。監獄長問他有什麼祕密，他說他會一種絕技，可以用一年時間把馬訓練得飛起來。監獄長覺得這個王胖基本是臨死之前的癡心妄想，但恰好國王就在附近，他就當作笑料報告了國王。沒想到國王聽說能夠把馬訓練得飛起來，一下子就動心了。國王想：如果我的馬能夠飛起來，那麼，我就可以征服天下，成就一番偉大的霸業。也許這個人是胡扯，但反正給他一年時間，做不到的話，再殺也不遲。但萬一真的做成了呢，那就發達了。

於是，就讓王胖做馴馬倌。按照那個勵志故事，王胖當了馬倌，天天馴馬，還跟著國王出遊。有一次，碰見一條巨大的毒蛇。馬見毒蛇，立即飛奔起來，讓國王避免了一場傷害。國王就說：一年後，如果我不死，你就當我的貼身侍衛；如果我死了，你就免刑自由。一年後，那國王真的死了，王胖也就自由了。

02

這個勵志故事的重點，是告訴人們即使在最絕望的時候，也不要放棄希望。馬是肯定不能飛起來的。但如果國王相信了王胖這個讓馬飛起來的夢想，王胖就贏得了一年時間。一年時間，有無數的可能，比如國王可能死掉，比如可能發生地震，馬也可能死掉……活著就有希望。

但這個故事的缺陷，也像所有的勵志故事或成功學故事，只強調了一個點，忽略了另外更重要的點，就是過於強調有夢想就能成功，有希望就能成功，有努力就會成功。但事實上，現實人生裡，有夢想也不一定能夠成功，有希望也不一定能夠成功，有努力也不一定能成功。

比如這個故事，最大的可能是什麼呢？絕對不是馬遇到毒蛇飛起來，絕對不是國王真的死了，這些機率小而又小的事情，在無數個勵志故事裡，反覆灌輸給一顆又一顆渴望成功的腦袋的，不是雞湯，而是鴉片，蒙蔽了很多追求成功者的眼睛，再也看不到真相。最大最大的可能，是國王完全不搭理這個有夢想的王胖，機會完全不眷顧這個竭盡全力了的王胖。王胖盡力了，但還是難逃一死。怎麼辦呢？陶淵明說，不如向獄警要一壺酒，喝個痛快，然後，痛痛快快死去。

03

「忽與一樽酒，日夕歡相持。」

這句詩單獨看，好像有點今朝有酒今朝醉的小頹廢，讓人懷疑這是陶淵明喝醉了之後的醉話。但是，如果細細讀完前面幾句，細細體會其中的深意，就會感覺到不是頹廢，而是滿含著生活的勇氣。陶淵明喝醉了，好像更清醒了。用現在時髦的話，就是看清了人生殘酷的真相，還要好好活下去。

人生的真相是什麼呢？

一是有榮華一定有衰敗，有成功一定有失敗，有幸福一定有不幸……我們每個人，即使是皇帝，也不能只要成功不要失敗，只要幸福不要不幸……這是一個真相，沒有什麼能夠保證你永遠成功、永遠幸福。人活著，就是在榮和衰之間流轉。

二是什麼時候榮什麼時候衰，並不是我們自己能夠控制的，就像四季那樣，有它自己的規律，人力沒有辦法改變四季的規律。

所以，通達的人明白了這個道理，就竭盡全力做好自己的事，不再強求什麼，不再希望什麼，不再對於這個世界懷抱什麼希望，而是回到自己，讓自己即刻享受生活的美酒，喝出生活的美味。

04

回到開頭那個故事。在面對絕境的時候，李胖逆來順受，張胖安於現狀，王胖竭盡全力。逆來順受，帶著怨氣和恐懼死去；安於現狀，帶著平靜死去。而王胖竭盡全力，呈現了兩種可能性：成功或者失敗。這個故事，卻只呈現了一種可能性，一種機率極小，但又確是人們內心想要的可能性：王胖成功了，獲得了自由。

這個故事的價值，在於讓人們面臨絕望的時候，要竭盡全力，但竭盡全力之後，如果還是失敗，怎麼辦？這個故事回避了這個大概率的問題。現實裡，王胖的結局基本還是難逃一死，但即使他難逃一死，也不能否定他的竭盡全力。

陶淵明的詩替這個故事呈現了王胖的第二種可能性：竭盡全力之後，失敗了，怎麼辦？涼拌。並沒有什麼了不起的，已經活過，已經竭盡全力，還是難逃一死，那麼，就像張胖那樣美美地吃一頓，喝一頓，然後平靜赴死。人生不過如此。

05

衰與榮。時代裡無數不確定的命運。這些無常的悲哀、無常的道理，在中國人的文獻裡，在我們的現實生活裡，比比皆是。但是，我們很多人還是看不透這個世界。為什麼呢？因為我們總是覺得這是別人的戲劇，永遠不會發生在自己身上。我們總是僥倖期盼著，自己會逃過那些無常的命運。

另一方面，每個熱愛勵志故事和成功學的人總是相信著自己會是那個故事裡的王胖。相信著只要秉持希望，就一定能夠逃脫絕望。我們很多人都知道創業啊、炒股票啊，成功的概率都是小而又小的，但還是相信自己一定會是小概率的那一個。結果，我們大多數人都在別人的成功經驗裡做著夢，最後，只是一個又一個成功學的消費者。

06

「忽與一樽酒，日夕歡相持。」當陶淵明從榮與衰跳躍到自己手中的那一杯酒，其中有點小頹廢，但在我看來，更多的，是歷經滄桑之後，對於生活本身的熱愛。一切都是浮雲，但我們還是可以享受自己手中的那一杯酒。一切都是輪迴，但我們還是可以品味自己手中的那一杯酒。一切都在衰與榮之間流轉，但我們還是可以在流轉之外，享受生命本身的美酒。

真正的問題只是，我們要找到自己的那一杯酒。只有在自己的那一杯酒裡，我們才能擺脫對於別人、對於這個世界的依賴。真正的希望，不是國王會死掉，也不是馬會遇到毒蛇。真正的希望，是當我獨自一個人，我能不能像《刺激1995》裡的主角那樣，自己找到逃跑的路？真正的希望，是當我無路可逃只有一死的時候，能不能懷著平靜的心？能不能對於死後的自己懷抱著信心？

第二杯

為什麼做好人
就一定會貧窮

積善云有報，夷叔在西山。
善惡苟不應，何事空立言？
九十行帶索，饑寒況當年。
不賴固窮節，百世當誰傳？

—— 陶淵明《飲酒》（其二）

大家都說積善一定有好的回報，
但伯夷、叔齊這樣的好人卻餓死在了西山。

如果善不一定有善報，惡不一定有惡報，
那麼，何必說那些善有善報的空話？

榮啟期九十歲還用繩索當衣帶，
貧窮的狀況比他年輕時候還要嚴重。

如果沒有安於貧窮的氣節，
現在還會有人傳頌他的名字嗎？

01

在討論陶淵明這首詩之前，我先講一個故事，這個故事經常被人引用，用來闡述「善良會得到好報」這個大道理。故事發生在蘇格蘭，說是有一天，農夫弗萊明在農地勞動的時候，聽到一陣呼救聲，跑去一看，是一個男孩陷在了沼澤裡。弗萊明跳進爛泥，救起了孩子。第二天，男孩的父親上門表示要好好感謝。弗萊明卻說他救人只是本性而已，不需感謝。結果是男孩的父親堅持要給予弗萊明的兒子和男孩一樣的教育。後來，弗萊明的兒子亞歷山大．弗萊明讀完醫科大學，幾年後發現了青黴素。弗萊明父親救起的那個男孩，是英國首相溫斯頓．邱吉爾。據說，邱吉爾後來得了嚴重的肺炎，是亞歷山大．弗萊明救了他的命。這個故事流傳甚廣，是人們愛聽的那種故事。

但事實上，這完全是一個編造的故事，不，不是故事，是編造的美好傳奇。亞歷山大．弗萊明能夠攻讀倫敦大學聖瑪麗亞醫院，並非他父親救了溫斯頓．邱吉爾，而是他很意外地得到了一個終身未娶的舅舅的一筆遺產。

但是，人們還是很喜歡讀這類編造的美好傳奇。

02

真實生活裡，幾乎不會有完美無瑕的傳奇，只有千瘡百孔的故事。最近，我有一個朋友，鬱鬱不樂。為什麼呢？因為好心卻付出了巨大代價。他一年前開著賓士經過檢察院大門口，門口有很多上訪者，他開得很慢，但還是碰了一下一個睡在地上的男子。他趕緊下車，那個男子說好像並不覺得痛，意思是給個幾千元就可以了。朋友好心說，反正我買了保險，還是去醫院檢查一下吧，檢查了沒事也可安心。於是，叫來員警立案，報告了保險公司，把那個男子拉到醫院。醫院檢查後，醫生說沒有大礙。但既然有保險，不如用最好的治療。最好的治療就是住醫，打鋼釘。醫療費一下子估計要十萬多。朋友明白這是醫院想賺錢，有點不悅，但想到還在保險的範圍裡，也就沒有理論。

於是，那個男子住了院。然後，麻煩就來了。他的很多親戚老鄉來看他。然後，他就開始變了，不斷地要求朋友給錢，開口就是五十萬。不斷地打電話，還去朋友的戶口所在地拉橫幅、示威，還去派出所上訪，說是朋友蓄意謀害之類。

那個男子很老實，朋友問他為什麼這樣，他回答他們家裡很窮，有人教他這是有可能賺一筆大錢的最好辦法，因為你們有錢人都怕惹麻煩，怕鬧，反正他窮得什麼都沒有，為什麼不鬧一下？也許能發一筆財。

朋友不勝其擾，只好交給律師處理。本來很小的一件事，只因自己好心、醫院貪心，引起那個男子的貪念，釀成了一樁糾纏不清的官司。

03

善惡報應，在佛教和基督教裡，都非常確切。但是，對於許多人來說，還是有疑問。以前我有一個朋友，知道我寫了不少研讀佛經的書，就問我一個問題，為什麼她母親一生虔誠信奉佛教，從不做壞事，但是，生活仍然那麼坎坷、那麼不幸？這個問題在很多西方人那裡也經常浮現，如果上帝是全知全能的，那麼，他知不知道世間那麼多好人在遭遇不幸，而那麼多壞人在飛黃騰達？

有一個中國皇帝也有過類似的疑問。這個皇帝叫蕭衍。陶淵明於西元四二七年（宋文帝元嘉四年丁卯）去世，五十二年後的西元四七九年，宋就亡了，蕭道成建立了齊朝。二十三年後，西元五〇二年，蕭衍建立了梁朝。

蕭衍就是梁武帝，一個很虔誠的佛教徒，把佛教定為國教，蓋了近三千座寺廟，四次捨身出家，嚴格遵守佛教的戒律：吃素、不近女色、生活簡樸，但生活好像還是不太幸福。

所以，當達摩來到中國的時候，他邀請達摩到了南京的皇宮，一見面他就問達摩：「我做皇帝以來，造了幾千座寺廟，抄寫了無數遍佛經，供養了無數僧尼，有什麼功德呢？」

梁武帝這樣問的時候，潛意識裡一定認為自己做了那麼多好事，做了那麼多功課，佛菩薩一定會保佑他吧。但為什麼他的生活還是不太幸福？他對自己的弟弟、對自己的女兒那麼好，他們卻還是背叛了他，不只是背叛，而是真刀真槍要殺死他。這是為什麼呢？這是梁武帝特別想知道的，所以，見到達摩，他就問了這麼一個問題。

沒想到，達摩回答：「沒有什麼功德。」武帝非常失望，不甘心地追問：「為什麼呢？」達摩答：「你這樣刻意做好事求回報，當然也會有回報，只是這種回報還在六道輪迴之中，仍是虛幻的東西，並不是真正的解脫，也不是真正的功德。」武帝又問：「如何是真實的功德？」達摩答：「淨智妙圓，體自空寂。這樣的功德，你想在世間尋求是得不到的。」

武帝再問：「何為聖諦第一義？」達摩答：「廓然無聖。」武帝聽得一頭霧水：「那在我面前的人是誰呢？」達摩回答：「我不認識。」武帝和達摩話不投機。達摩就離開了南京，一路北上，到了少林寺。

04

達摩的回答裡包含了幾個意思。第一，學佛的目的，是為了解脫，為了從煩惱裡解脫出來，不是為了長壽，不是為了發財，不是為了升官。就算我們學佛的人，人生很順利，特別順利，也沒有什麼了不得的，這個果，還是世間的果。世間的事情，終究還是虛幻的。

第二，一個人的命運如何，很複雜，不是簡單的。我信了佛，或者我做了好事，並不意味著我馬上就會比別人多賺錢。關於命運，佛教裡有「十二因緣」和「五蘊」的說法，可以細細解讀。

第三，一個人做善事，不做惡事，可以得到基本的心安。但在根本上，一個覺悟了的人，並沒有「善惡」的二元區分，而是超越了善惡的清淨。當他做善事的時候，他不覺得自己在做善事，更不會有自己做了善事會有回報之類的執念。

達摩的意思如果簡而化之，大概就是這麼一句話：「但行好事，莫問前程。」一個真正的佛教徒，對於因果不會產生任何疑問。一個真正的佛教徒，當然會持戒，當然會「諸惡莫作，眾善奉行」。當然不會去殺生，不會去傷害別的生命，不會去說假話……但是，一個真正的佛教徒，也明白善惡的概念有它的主觀性和相對性，所以，無論他做什麼，都不會執著於善惡的概念，更不會有求回報的執念。

05

陶淵明不是佛教徒，所以，我們沒有必要在此討論佛教裡的因果問題。有些事情，你信不信，它都在那兒。有些事情，不管你信不信，它其實都不存在。有些問題，不管我們信什麼，它其實一直是一個問題，只是我們提問的方法和尋找答案的路徑，不太一樣。好人為什麼沒有好報？這個問題在陶淵明這裡，不是一個宗教問題，而是一個社會問題。陶淵明的疑惑，不是出於宗教的思考，而是基於社會的思考。他生活的社會，讓他感到了這樣一個疑問：為什麼在這樣一個社會體制裡，正直的、良善的人沒有辦法實現自己的價值，而那些阿諛奉承、虛偽無恥、投機鑽營的人卻如魚得水？

這個疑問，包含了很多感慨，也包含了一點激憤。「積善云有報，夷叔在西山」這句詩，來自司馬遷。司馬遷在《史記》裡有一篇《伯夷列傳》，為兩個人物寫了傳記。這兩個人物一個叫伯夷，一個叫叔齊。伯夷是哥哥，叔齊是弟弟。他們是商朝時候孤竹國君的兒子，他們的父親立了叔齊為繼承人。叔齊非常惶恐，覺得長子繼承父位，天經地義。而伯夷覺得父命重於一切，既然父親指定弟弟，那一定要讓弟弟上位。結果是兩個人都堅決退讓，決定遠走西方西伯姬昌的屬地。

那個時候，西伯剛好去世了。他的兒子周武王把父親尊為周文王，抬著他的棺材，一路殺向商的首都，要討伐商紂王。伯夷、叔齊兩個人就把周武王教訓了一頓，大意是：父親死了，還未安葬，就大動干戈，這是不孝；身為臣子，卻要去殺害君王，這是不仁。

周武王身邊的人聽到這兩個愣頭青冒犯武王，就想把他們殺了。這時，姜太公出來說：「這兩位是義士啊。」一放走了他們。後來，周武王推翻了商朝，天下都歸順了周。但伯夷、叔齊這兄弟倆不認同周武王的行為，決定「不食周粟」，就是不再吃周朝的糧食了。於是，逃到首陽山，靠採摘薇蕨充饑，最後，餓死在首陽山。臨死前唱了一首歌：「登上首陽山啊，採薇來充饑。可嘆那些人不知道，用暴力取代暴力，是多麼錯誤的做法啊。我所嚮往的神農（炎帝）、虞（舜帝）和夏王朝不知不覺都滅亡了。我應該回到哪裡去呢？可嘆死期將近，生命的衰敗啊！」（登彼西山兮，採其薇矣。以暴易暴兮，不知其非矣。神農、虞、夏忽焉沒兮，我安適歸矣？於嗟徂兮，命之衰矣！）

司馬遷講完伯夷、叔齊的生平，就發了一個牢騷，或者說提出了一個疑問，意思是伯夷、叔齊這樣的人，應該算是好人了吧，他們聚積仁德、修潔品行達到這般地步，最終卻活活餓死。這是為什麼呢？司馬遷又舉了顏淵的例子，在孔門七十個弟子中間，孔子僅僅稱舉顏淵是好學的人，但顏淵一直窮困潦倒，連糟糠都難得飽足，終於過早地夭亡了。

司馬遷感嘆說：那種認為上天總是報答、恩賜善人的說法，怎麼會讓人相信呢？陶淵明這首詩，不過是用詩的語言，重新敘述了司馬遷的感嘆。陶淵明又加了一個例子，就是品德高潔的榮啟期，到了九十歲還困於窮苦。所以，關於有德有才就一定會得到重視，一定會實現自己的夢想，很多是空話，並不是人生的真實情況。

06

魯迅寫過一篇小說《採薇》，以嘲弄的口吻寫了伯夷、叔齊。確實，以一個現代人的眼光，會覺得伯夷、叔齊的行為矯情、荒謬、迂腐，但是，為什麼在古代中國，他們會成為人們千百年歌頌的榜樣呢？

對於伯夷、叔齊的讚美懷念之中，到底蘊藏著古代中國人什麼樣的願望呢？伯夷、叔齊的故事裡，關鍵的關鍵是他們互相謙讓，不願意當君主。他們反對周武王，也不完全是忠於商朝，而是不贊同周武王用武力推翻商朝。正是他們的謙讓，他們的非暴力，打動了中國人的心。

我們翻看中國歷史，千百年來，為了皇位，相互殘殺。陶淵明生活的東晉和劉宋，為了皇位，不知道死了多少人。後來的歷代王朝，沒有不為皇位殘殺的。隋煬帝殺了兄弟當了皇帝，唐太宗殺了兄弟當了皇帝……中國的宮廷歷史，中國的官場歷史，就是一部殺戮史，一部權鬥的謀略史。

因而，當人們傳頌伯夷、叔齊的事蹟時，人們內心渴望的，大約是權力的和平更替。內心渴望的，是希望生活裡沒有刀光劍影的威脅。但就像張愛玲所說的，中國人感嘆人生的虛無，可就到此為止，不會再往前深究。中國人感嘆、厭倦權力更替的血腥，但只是寄希望於出現伯夷、叔齊這樣的人，能夠謙讓。

一代一代的中國人，從皇帝到平民，都在歌頌伯夷、叔齊的美好品德，但一代一代的中國人，還是在權力的殘酷爭鬥裡輪迴，從皇帝到平民，都活在充滿不確定性的社會系統裡，缺乏真正的內心安全感。

07

當陶淵明感嘆好人沒有好報，感嘆懷才不遇的時候，他提問的方向並非善惡報應這樣一個宗教命題，而是一個社會學命題。但陶淵明，以及陶淵明之後的中國知識分子，卻把這個命題情緒化了，成為一種牢騷，卻從未有人去認真思考：為什麼在這樣一個社會體制裡，好人難以施展自己的才華和理想？為什麼在這樣一個社會體制裡，壞人總是如魚得水？

很遺憾，古代的中國人，對於官場的腐敗，一直有牢騷，但大多數士大夫，還是離不開官場。一邊有牢騷，一邊還是依賴體制，謀求種種好處。虛偽成為中國最普遍的社會病。矛盾、分裂，成為一種普遍的心理病。一代一代的古代中國知識分子，感嘆著懷才不遇，譴責著社會的不公，但是，只要皇帝或當權者一召喚，馬上就奮不顧身應聲而去。一旦獲得權力，就盡情享受權力帶來的好處，從未想過怎麼樣才能使得這個體制變得更加文明、更加人性。

相比之下，陶淵明顯示出了偉大。他比一般人要誠實，比一般人要有勇氣，真正能夠做到自我放逐，不再依賴體制而活著，他把牢騷轉化成了對於自己的道德自律，自我成就了一種不違背良知的生活方式。陶淵明當然有牢騷，但再多的牢騷，他還是堅持要做一個善良而誠實的人，就算貧困，也要堅守下去。伯夷、顏回等人，就成了慰藉自己的力量。那麼多古代的賢人為了保持自己的節操，都鬱鬱不得志，我陶淵明現在的貧苦又算什麼呢？這是陶淵明牢騷之後反覆吟詠的意思。

08

我在想，如果在中國古代，很多發牢騷的士大夫，包括那些感嘆命運無常的皇帝，能夠把牢騷和感嘆轉化成對體制的思考，轉化成對更好的體制的實踐，那麼，在中國的歷史上很可能很早就建立起一套制度化的國家管理機制，人們不再惶惶於權力更替的動盪。再如果，像陶淵明這樣有勇氣自我放逐的人，從體制裡逃出來以後，能夠不安於貧窮的話，很可能會為自己開創一片新的天地，也為社會開拓出新的道路。但不知為什麼，陶淵明看清了官場的殘酷真相後，徹底逃離，卻把安於貧窮當作是一種美德，一種必然。然後，安心在南山下種地、受窮。

陶淵明骨子裡對於商業的輕視，以及對於貧窮的病態歌頌，阻礙了他去開拓新生活的可能。他的邏輯是，只有官場是正道，但官場又不符合自己的良知，那麼，只好離開官場。但離開官場以後，除了做點農活，他從未意識到還可以去做點別的什麼。

他只是把窮苦當作一種美德來不斷吟詠，獲得心理平衡。陶淵明推崇的榮啟期，有這樣一個信念：「古往今來，讀書人多如過江之鯽，而能飛黃騰達者才有幾人？貧窮是讀書人的常態，而死亡則是所有人的歸宿。我既能處於讀書人的常態，又可以安心等待人最終的歸宿，還有什麼可遺憾的呢？」

確實沒有什麼可以遺憾的。他老人家還找到了三種快樂：第一種快樂，天生萬物，人是最珍貴的，而我已經是人了，多麼快樂。第二樂，男尊女卑，我已經是男人了，多麼快樂。第三樂，有些人很小的時候就死了，而我已經九十歲了，多麼快樂。

貧窮是讀書人的常態，以及非常廉價的自欺欺人的「三樂」，這種觀念阻礙了陶淵明，也阻礙了中國人，竭盡全力在官場之外、在體制之外追求更好的生活。按照陶淵明的牢騷：好人在體制內沒有辦法做好人，所以，只好離開體制；但離開體制後，只能做窮人，所以，我就安心做一個快樂的窮人吧。

其實，在孔子的年代，既有子貢那樣做生意追求財富的弟子，也有顏回那樣安貧樂道的弟子，孔子也從未歌頌過貧窮，他只是說過，窮了要保持氣節，富了要謙虛。他也說過，如果是不義的富貴，是浮雲。言下之意，如果是符合仁義的富貴，還是應該爭取的。秦朝之前，還有范蠡、呂不韋這樣的大商人。但到了後來，陶淵明們反覆效仿的是顏回、屈原，形成了一個非常奇怪的邏輯：好人就應該窮苦。更奇怪的是，官方和民間都把這類人當作榜樣，其間的心理實在值得推敲。

09

這種心理模式到今天還若隱若現。比如，霧霾來了，號召大家心裡要有陽光，只要心裡有陽光，外界的霧霾就不存在了。陶淵明如果活在現在，從他詩裡顯現的智商，還不至於愚蠢到號召別人心裡有陽光。但以他的清高，他也不會去探究霧霾到底是怎麼形成的，到底是誰應該承擔責任，到底怎麼樣才能解決霧霾。很大的可能，他老先生趕緊辦了移民，去美國加州的哪個鄉村，買一套房子，在那裡種種葡萄曬曬太陽寫寫詩。一走了之。

當然，他也有可能豪興大發，像前不久一個前媒體人那樣高呼：好人賺錢的時代到了。然後就開個淘寶店，賣賣番茄、馬鈴薯或者賣賣酒。也有可能在雲南什麼地方折騰一個桃花源客棧之類。當然，以他詩裡表現出來的智商，他經營出一個Airbnb我也不會覺得有任何奇怪。我奇怪的是，千百年來，像陶淵明這樣高智商的正直的中國人，為什麼會陷入一個把貧窮看作美德的魔咒，總是認為貧窮就是好人的宿命呢？

第三杯

不如痛痛快快喝酒去

道喪向千載，人人惜其情。
有酒不肯飲，但顧世間名。
所以貴我身，豈不在一生？
一生復能幾，倏如流電驚。
鼎鼎百年內，持此欲何成？

—— 陶淵明《飲酒》(其三)

最原初最自然的東西我們已經失去很久很久了，
現在的人啊活得那麼彆彆扭扭、瞻前顧後。

為了世間的虛名，連美酒都不敢痛飲。
那麼愛惜自己的身體和名聲，難道你能長生不死嗎？

一生那麼短暫，就像一道閃電。
短短不過一百年，你還想成就什麼呢？

01

最近有一個小朋友鬧失戀，又遇到創業上的挫折，總要找我談人生。談了三次後，我說：雞湯喝得再多，其實也沒有多大用，不如你獨自去喝一杯兩杯三杯，且飲且醉，醉到醒來，自然就明白了。

胡適先生有詩：「醉過才知酒濃，愛過才知情重。你不能做我的詩，正如我不能做你的夢。」胡先生拿酒和愛做例子，說明凡事你一定要自己去實踐、去經歷。假如人生有什麼意義的話，都在實踐和經歷中了。真正有用的道理，只可意會，不可言傳。可以說出來的，聽聽也就算了，不可當真。

陶淵明說得更加直接：為什麼活得那麼彆彆扭扭、瞻前顧後呢？不就是為了一個虛名嗎，連酒也不敢喝，自己喜歡的事也不敢做！為什麼不去痛飲美酒呢？為什麼不痛痛快快地做一次自己呢？為什麼不好好地活一次呢？人生那麼短暫，你還能上天嗎？

02

陶淵明另有一首《連雨獨飲》，特別能夠表現他的喝酒哲學：

生命的運行一定有終結，自古以來就是如此。
傳說裡赤松子和王子喬兩個仙人，如今他們在哪裡呢？
老朋友送我一壺美酒，說喝了它就是神仙。
初初一喝就忘了喜怒哀樂，再喝幾杯連天都忘了。
其實是和天合而為一，一切都自然而然。
就算有神仙可以遨遊宇宙，但須臾之間仍要回來。
四十多年來我一直努力著，不為外物迷惑。
不論形體如何變化，原初的心卻依舊，有什麼好說的呢？

03

連著下雨，心情不會太好。就像現在，日復日一日的霧霾，難免會煩躁。何況世界之大，也沒有什麼朋友可以隨意相聚。聚了，好像也沒有什麼話可以聊。獨自一人，做什麼呢？如果是一個佛教徒，那麼，正好可以念佛。如果是一個儒家的信徒，那麼，正好可以苦讀聖賢書。

但陶淵明對於佛教，好像並沒有太多的共鳴。他的同時代人慧遠大師，是中國淨土宗的祖師，曾經邀請他去參加 party，陶淵明去倒是去了，但問慧遠：「party 上能不能喝酒？」佛教的 party 當然不能喝酒。陶淵明覺得無趣，中途就悄悄地溜了，也沒有說什麼理由。當然，一切不過緣分，並不需要理由。陶淵明不想當官，所以，也不會苦讀聖賢書。對於佛教的出世，他有一點點的懷疑；對於儒家的入世，他有很深的厭倦。

陶淵明即使活在今天，也還是少數派，也還是邊緣式的人物。他想過的生活，概括起來，可以這樣說：既不想放棄肉體，又不願意被這個肉體束縛；既要享受肉體的愉悅，又要有靈性的飛翔。怎麼辦呢？陶淵明說：那就喝酒去。

04

你一個人喝酒的時候，會想起什麼呢？

陶淵明一個人喝酒的時候，想到的是死亡。他說，人的生命運行不已，最終一定會死亡。喝酒的時候忘記了世間紛紛擾擾，唯獨忘不掉自己一定會死掉。

世間什麼都不確定，唯一確定的是死亡，但人類對於死亡好像沒有什麼辦法。從前煉丹成仙，現在醫學昌盛，但還是沒有不死的藥。是人一定得死。陶淵明在另一首詩裡說：這一點人連草木都不如，因為草木可以枯了再榮、凋謝了會再開花，周而復始，人死掉了卻再也回不來了。

怎麼辦呢？求長生是愚昧的妄念。從陶淵明的詩歌看，他對於求長生的人非常瞧不起。在《形影神》這首詩裡，陶淵明站在「肉體」的立場上抨擊了求長生的想法。站在「肉體」的立場，活著的意義非常簡單：人生短暫，不如喝酒。正如之前說過的皇帝司馬曜，在與陶淵明相近的時代裡，舉著酒杯對著流星，點破了同樣的道理：「勸爾一杯酒，自古何時有萬歲天子？」反正最後都是一死，何不現在就飲酒作樂？

05

後來唐朝的李賀，用這句話作為基調寫了一首《苦晝短》：

飛光飛光，勸爾一杯酒。
吾不識青天高，黃地厚。
唯見月寒日暖，來煎人壽。

食熊則肥，食蛙則瘦。
神君何在？太一安有？
天東有若木，下置銜燭龍。
吾將斬龍足，嚼龍肉，使之朝不得回，夜不得伏。
自然老者不死，少者不哭。
何為服黃金、吞白玉？
誰似任公子，雲中騎碧驢？
劉徹茂陵多滯骨，嬴政梓棺費鮑魚。

人生在世，不是比賽誰比誰活得更長，而是比賽誰比誰活得更快樂。何況，有史以來，追求長生、追求成仙的人，即使像秦始皇、漢武帝這樣的皇帝，也沒有成功。活著，就是為了快樂。美味的快樂、性的快樂、運動的快樂、聲音的快樂。為了成仙，為了長壽，為了長生不老，犧牲了這些快樂，實在是很愚昧的事情。

06

「世間有松喬，於今定何間？故老贈餘酒，乃言飲得仙。」人是不可能成仙的。傳說中的神仙，我們今天一個都見不到。所以，神仙是靠不住的。但是，酒能夠把人帶到仙境。所以，還不如喝酒。

然後，陶淵明分享了他的喝酒經驗，他說酒這個東西，剛剛喝的時候，生活裡的什麼煩惱、什麼情緒，都遠遠地離自己而去，只有當下的痛快。再喝，連什麼天啊什麼地啊，都會忘掉了。

醉了。但，喝得再醉，天還在那裡。只要順其自然，就可以超脫世俗的煩惱。雲鶴飛得再遠，還是要飛回來。自己時時保持著「任真」（與天合一，合乎天道和人的本性）的心，就算形骸灰飛煙滅，任真的心還在，有什麼可說的呢？

07

酒醉，陶淵明把它實踐成一種生活方式，一種能夠把普通人帶向自由境界的生活方式。這種說法源頭在於莊子。莊子在《達生》裡有這麼一句：「夫醉者之墜車，雖疾不死；骨節與人同，而犯害與人異，其神全也。」

莊子的話解釋起來很複雜，但我們醉過酒的人一定會會心一笑。醉酒之後，常常有意想不到的意識和潛能浮現。但我們一定要明白，莊子的話是哲理，是譬喻，一定不能成為你酒駕的理由。

莊子的意思是，適度的酒醉，也就是我們常說的微醺，會讓我們全然地忘掉俗務，而專注於當下的生命本身。當我們專注於生命本身時，生命內在的喜悅和平靜，如同一股清泉源源不絕，自由奔放。

08

陶淵明在《五柳先生傳》裡，自述「性嗜酒，家貧不能常得。親舊知其如此，或置酒而招之。造飲輒盡，期在必醉；既醉而退，曾不吝情去留」。

如果他活在今天，大概會經常在自己的微博或微信上發些諸如此類的感嘆：「不喝酒的人不足以談人生」、「有酒不喝，活著有什麼意思」、「有錢不花，有酒不喝，喝了不醉，都是蠢貨」、「想喝就喝，想走就走，想留就留」……

他一生受到貧窮的困擾，但，一生喝酒不已。醉眼朦朧裡，總是看見南山，進了山裡，又總能遇到桃花源。我覺得他一生所要尋求的理想生活，可以用他自己的這幾句詩來形容：

浩浩茫茫的湖水，洗滌我們的塵埃。
遠方的景色啊讓人欣喜。
人的本心啊多麼容易滿足，
只要有一杯酒就怡然自樂。

09

只要有一杯酒就怡然自得。

陶淵明終究不能成為一個宗教的信徒，因為他不能放下肉體的那一點愉悅；更對於來世有很深的懷疑，不想錯過當下的享樂；同時又想著遵循自己的良知和自由的心，於是，免不了要在俗世裡掙扎一番。酒成為一種平衡的中介，沒有把他引向信仰的路，卻讓他成為一個熱愛生活的人。

千百年來，從李白、白居易到梁啟超等無數中國的士大夫熱愛陶淵明，並不是因為他創造了什麼豐功偉績，而是因為他在中國這樣一個時時處於亂世的社會裡，踐行了一個普通人對於生活本身的熱愛，以及一個普通的個人透過自己的選擇達到了自由的生活境界。

第四杯

不論多麼孤獨
還是要做自己

棲棲失群鳥，日暮猶獨飛。
徘徊無定止，夜夜聲轉悲。
厲響思清遠，去來何依依。
因值孤生松，歛翮遙來歸。
勁風無榮木，此蔭獨不衰。
托身已得所，千載不相違。

—— 陶淵明《飲酒》（其四）

離群的小鳥啊，在黃昏裡不安地飛翔。
徘徊著找不到安定的居所，每一天晚上啊都在哀鳴。
綿長的鳴聲裡思慕著清遠的所在，飛來飛去是依依的思戀。
有一棵孤獨的青松聳立在那兒，鳥兒收起翅膀停在樹上。
疾風裡樹木凋零，只有這棵青松依舊枝繁葉盛。
就把自己託付給它，永遠啊不再離開。

01

這首詩抒發的情緒關乎孤獨。孤獨並非一個人獨處，而是在人群中與眾不同。所以，今天，流行的看法是成功的人、優秀的人一定孤獨。你想要成功，一定要與眾不同。當然，孤獨的人不一定就是優秀的人，更不一定是成功的人。你看美國作家葉慈的《十一種孤獨》，寫了生活裡非常平凡的十一個人，卻都處於不可排解的孤獨狀態。這是一個哲學的命題：人與人之間，根本上難以溝通；每一個個人，都要獨自面對自己的命運，獨自面對這個世界。

所以，葉慈寫孤獨，寫得很無奈、很悲觀——那些孤獨的人，在現實裡沒有辦法掌握自己的命運。葉慈說：「如果我的作品有什麼主題的話，我想只有簡單一個：人都是孤獨的，沒有人逃脫得了，這就是他們的悲劇所在。」葉慈自己的一生，像陶淵明一樣，愛喝酒，像陶淵明那樣，也過得很不成功。但不一樣的是，葉慈寫劇本，寫小說，是希望能夠出名，能夠賺很多稿費。但不幸，他的作品在他身後名聲很大，大到成了經典；但在他生前，卻非常黯淡。

所以，葉慈的孤獨，其實是一種痛切的無奈。

陶淵明離開官場回家種田，是自己的選擇。在陶淵明的時代，選擇了種田就是選擇了「不成功」，所以，陶淵明不會覺得無奈。就像陶淵明每一次發牢騷，感嘆「懷才不遇」的時候，他的重點都不是譴責那個造成「懷才不遇」的社會體制，而是要表達自己如何在貧窮中保持「做自己」。這首關於孤獨的詩，也是一樣。

前半段，是孤獨的情緒，但到後半段，就會發現，寫的不是孤獨，寫的，還是做自己。做自己一定孤獨，因為做自己，就一定意味著大眾不能理解你，甚至會排斥你。所以，就像離群的小鳥，會有悲傷。但做自己，又是你自己的選擇，不是無奈，而是堅定。找到了自己，就像松樹那樣，不論處於多麼可怕的狂風裡，都會堅定地紮根於自己的位置。

這首詩滿滿的是孤獨，也帶點悲傷，但更多的是堅定。陶淵明要表達的，其實是不論做自己會多麼孤獨，但還是堅定地要做自己。說到做自己，我想起我的一個朋友，叫馬小胖，這兩年多來經常和我嚷嚷著要做自己，不妨看看他是怎麼做自己的。

02

馬小胖很喜歡星座，他說很準，經常給我發一個什麼大叔的星座微信文章。我有點看煩了，就讓他去做一個實驗。把魔羯座的性格特點寫在卡片上，但換成水瓶座。依此類推，把各種星座的性格特點打亂。然後，告訴水瓶座的人，你是這樣的；告訴處女座的人，你是那樣的……三天後，馬小胖睜著無辜的大眼睛，不斷對我說：「奇怪了，奇怪了，怎麼我把魔羯座的特點寫在水瓶座名下，水瓶座的人也說很像自己。怎麼回事呢？」

我說一點也不奇怪。馬克思說：「人所具有的，我都具有。」只要你是人，其實所有人性的種子都在你的意識裡。你既是天使，也是魔鬼。你外向，同時你也內向。人性豐富，不是幾個簡單的概念就能夠框住。如果幾個簡單的測試，就能夠揭示一個人是什麼樣的，那麼，這個世界早就沒有什麼矛盾衝突了。任何一個公司，只要透過星座啊八字啊，就能找到想要的員工。從前中國人結婚看八字，然而並沒有什麼用，很好的八字，結婚後很多還是怨偶。反過來，有些八字不合的卻過得好好的。

所以，人性並不是一個固定的東西，而是一個可以選擇的廣闊區域。不是因為你是魔羯座，你就要做魔羯座。也不存在一個固定的「自己」。所謂做自己，在於你的選擇，你的自己就在你的選擇之中。

03

馬小胖也很喜歡心理分析、心理治療之類的。有一段時間，他經常把原生家庭、童年創傷、潛意識什麼的掛在口上。還動不動把這個人的婚姻不美滿，歸因於小時候和父親的關係緊張；把那個人的犯罪，歸因於小時候的家庭關係。我聽得很厭倦。

有一天很無聊，就約了他去我的書房。我拿出一張白紙，讓他把我和他共同認識的人全部列出來，大約有一百五十個人。然後，我再讓他把小時候父母離婚的人都列出來，依此類推，分了五組人。然後，再細細看他們現在的狀況。同樣是父母離婚的人裡面，現在的際遇沒有一樣的，完全是不同的家庭、不同的工作狀態。同樣是遭受童年創傷，有人犯了罪，有人卻發奮成了著名的藝術家。

所以，不要再怪你父母了，也不要再怪遊戲啊、武俠小說啊，甚至色情網站了。有些人讀了《紅樓夢》都會犯強姦罪。有些人看了很多三級片，也還是好好的科學家、好好的公務員。

真的，要怪，好像只能怪你自己。做自己，就是不要怪別人，把一切歸結於自己。一切歸結於自己，對於這個世界就比較有辦法。其實，佛洛德的心理學，打開了潛意識的大門，打開了童年記憶這個領域，為我們更好地認識自己提供了一種工具，但只是一個工具。從根本上來說，我們人類的喜怒哀樂，我們的心理創傷，基本上是一樣的，沒有什麼外在的原因可以為你的生活狀態找到理由。你現在的生活狀態，都是你自己選擇的。要想改變這種生活狀態，還是忘了別人，忘了別人對自己做過什麼，多看看自己，看看此刻的自己能夠做什麼。

04

有一年，馬小胖突然說他不上班了，他要去大理開客棧。說走就走。要做自己喜歡做的事情。一走就是三年，三年後他回來了。曬得黑黑的，很健康的樣子。我說為什麼回來了，還要重新找工作。他說開客棧養不活自己。後來，馬小胖又去折騰什麼網路劇，忽悠風投之類。一晃已經一年多沒有見到他了。我感覺他會一直折騰下去。當然，現在時髦的說法，創業就是要折騰。好吧，那就折騰吧。

問題是折騰了一輩子，結果還是活成了自己父輩以及父輩的父輩那個樣子。多少有點小悲涼。也許，馬小胖還沒有明白一個道理，那就是：做自己，並不完全是做自己喜歡做的事。泛泛的自己喜歡做的事，往往就是大家喜歡做的事，是潮流。真正的做自己，並不完全是做自己喜歡做的事，而是當你失去所有依靠之後自己能夠做的事。

陶淵明有一句詩：「萬族各有托，孤雲獨無依。曖曖空中滅，何時見餘暉？」大意是萬事萬物都有依靠，只有孤雲完全沒有依靠，慢慢地融入到浩茫的宇宙當中。電影《星際爭霸戰》裡面有一個人物說：「當你一個人在太空裡，失去了所有參照物，你就知道你到底是誰了。」

陶淵明是中國古代社會裡真正做了自己的人。他辭掉了官，辭掉了體制的保障，回到農村，自己養活自己。即使在今天，我們很多人還是不敢離開「單位」，更不敢離開體制，覺得失去了體制的依靠，就沒有辦法活下去。我以前有一個同事，經常嚷嚷著在單位裡如何厭倦，如何渴望著想做自己。我說：不要抱怨，如果你真的想做自己，先辭職，辭了職你就知道怎麼做自己了。

套用梭羅和陶淵明的話，什麼是做自己呢？就是離開那些壓制自己自由和尊嚴的體制、系統，找到自己的生活方式，自食其力地活在這個世界上。做自己，可能成為約伯斯那樣的富豪，也可能成為陶淵明那樣的窮人。但是，對於陶淵明來說，向別人乞食，只是面子問題，並沒有傷害自己；而在官場上大吃大喝，賠著笑臉做著違背自己良知的事情，是尊嚴問題，傷害的是自己的本性。所以，他寧願討飯也不願意回去做官。這就是做自己。

05

並不像大多數人誤會的那樣，把「做自己」當作了成功的手段，以為只要「做自己」就能成功。很多人說的「做自己」，其實是在說「要做一個成功的人」。「做一個成功的人」和「做自己」相差十萬八千里。

做自己，可能讓你成為一個富豪，也可能讓你成為一個窮光蛋。但不論窮和富，如果你是真正地做了自己，那麼，一定是安寧而美好的一生。做自己，聽起來很浪漫的話，做起來其實很難。做自己，意味著你要把自己完全交給自己。意味著你要明白，你的命運並不取決於外在的因素，而是取決於你如何運用你的自由意志。意味著你要完全擺脫一切的束縛，還能活下去。就像梭羅說的，自食其力是一項偉大的事業。做自己，就是自食其力。

06

這個世界上，真正能夠做到做自己的人，沒有幾個。這是聽起來最容易做起來最難的事。說一句殘酷的話，如果你沒有能力透過做自己喜歡的事養活自己，那麼，你就老老實實喜歡你正在做的事吧。做自己喜歡的事，這不僅需要情懷，也需要勇氣，更需要能力。傑出的人，可以說做自己喜歡的事；平庸的人或普通人，還是誠實地說喜歡正在做的，或者說，做當下能做的事，就好了。

第五杯

我和這個世界之間
最合適的距離是什麼

結廬在人境，而無車馬喧。
問君何能爾？心遠地自偏。
採菊東籬下，悠然見南山。
山氣日夕佳，飛鳥相與還。
此中有真意，欲辯已忘言。

—— 陶淵明《飲酒》(其五)

我住的房子就蓋在紛亂的人群裡，
人群裡的是是非非、熱熱鬧鬧卻都在我之外。

你問我怎麼能讓世界的喧鬧在我之外，
我說如果你心遠了世界就在你之外了。

此刻在東邊的籬笆下採摘菊花，
不經意間抬頭，看見了南山別有一種寧靜風姿。

山間的雲霧從早到晚都晃晃悠悠，
黃昏了，那些去遠方覓食的鳥兒結伴飛回山裡自己的窩。

人生的什麼真理啊什麼樂趣啊，都在這幅畫面裡了，
我想說出來，卻又忘掉了用什麼語言才能說出來。

01

這首詩的前面幾句：「結廬在人境，而無車馬喧。問君何能爾？心遠地自偏。」寫了一種人生的大境界，住在世俗社會裡，卻沒有車馬的喧鬧。如果活在今天，陶淵明會說，住在高速公路的旁邊，卻沒有汽車聲；住在鐵路邊，卻沒有火車聲；住在街市裡，卻沒有嘈雜聲；拿著手機，卻沒有鈴聲。

總之，住在熱鬧的人群裡，卻沒有人群的熱鬧；住在混亂的環境裡，卻沒有混亂。並不是沒有車馬聲，並不是沒有混亂，而是我的心不受這些聲音的干擾，所以，即使很喧嘩的地方，也好像是很安靜的地方。如果我的心是清澈的，那麼，世界再混亂，我也不會亂。

在這裡，陶淵明思考的是，人如何不受環境的干擾而安安靜靜地做自己？換一種說法，就是如何「以心轉境」？所謂「車馬喧」，是象徵的說法，不僅僅指車馬的喧鬧，而是指帶有干擾性的環境因素。

人活在世界上，總是活在一定的環境裡。亞里斯多德說：「從本質上來講，人是一種社會的動物，任何一個不能過公共生活的人或者自給自足到無須過公共生活的人都不是社會的成員，這意味著他要麼是一頭野獸，要麼是一個神。」

而我們和社會環境的關係，很少像魚和水那樣有魚水情。大多數時候，我們和環境的關係更像冤家對頭，吵吵鬧鬧，不斷妥協，不斷衝突。我們成長的過程，好像就是不斷適應環境的過程。在適應環境的過程裡，有些人找到了自己，有些人卻永遠地迷失了自己。

所以，個人和環境如何相處，是一個人類的永恆話題。陶淵明這首詩，之所以歷久彌新，就在於觸及了這個永恆的話題。

02

那麼，環境如何干擾個人呢？或者說，環境有哪些喧嘩對個人造成干擾呢？

第一種是最常見的，就是引起我們不適的干擾，比如噪音，比如炎熱，比如惡劣的人際關係，會讓我們煩躁不安。如果我們不能超越這類干擾，就會在煩躁不安裡迷失自己。

第二種是相反的干擾，是更為危險的干擾，就是引起我們貪欲的干擾，比如聲色犬馬，會讓我們快樂興奮。我們並不會覺得是干擾，反而覺得是一種享受，但這種享受把我們降低到動物性的層面，讓我們慢慢往下沉淪。如果我們不能對這種享受有所警覺，有所昇華，就會是一種對生命成長嚴重的干擾。

第三種最不引人注意，卻是最危險的干擾，就是社會成規。有時表現為流行的時尚，有時表現為主流的價值觀念和生活方式。個人很難抵禦這種干擾，大多數時候，不論我們內心多麼不喜歡這種主流的東西，還是會不知不覺讓自己不斷適應，最後成為社會接納的人。大多數人都在適應社會成規裡草草走完一生。只有少數人能夠跳出社會成規，活出自己。

03

如何應對環境的干擾呢？陶淵明的回答是「心遠地自偏」。如果心遠的話，就沒有什麼東西能夠干擾我們；如果心遠的話，住在哪裡，哪裡就是安靜的所在。

一下子把焦點集中在自己身上。不要去管環境怎麼樣，不要去管活在唐朝還是民國，不要去管活在美國還是中國，不要去管冷還是熱，不要去管社會風氣如何敗壞，而是要管好自己的心。

這句話非常勵志，強調了個人的作用。在環境和人的關係裡，我們往往屈服於環境的壓力，往往被環境改變。但陶淵明說：「心遠地自偏。」這句話涵蓋了東方思想的基本信念：個人憑藉心靈的力量可以改變環境。也就是古語裡常說的「以心轉境」。

怎麼樣以心轉境？陶淵明的答案就一個字：遠。好像很容易理解，又好像很難理解。一個普遍的誤會是，人們常常把「以心轉境」理解成心念可以改變具體的場景。比如，我們住在高速公路旁邊，只要我們心靜，什麼噪音都無所謂。但事實上，當噪音超過一定的分貝，不論你心多麼靜，都不會讓噪音消失，都不會阻礙噪音震聾你的耳朵。這個時候，你要麼透過裝隔音設備解決噪音的問題，要麼離開，去另一個安靜的地方。

如果機械地理解「心遠地自偏」，那麼，陶淵明自己也沒有必要離開「官場」。因為只要心懷高潔，哪裡都一樣。但事實上，如果官場違背我們自己的心性，那麼，我們留在那裡，就是讓自己陷在了泥潭裡，最後成為爛泥。蓮花確實生長在汙穢的泥潭，但它一心努力向著潔淨的水面生長。就像《刺激1995》裡，那個安迪不論懷著多麼自由的信念，也不可能把監獄本身變成自由的所在，但是，他堅定的信念最終讓他離開了監獄，自己創造了一個自由的環境。

陶淵明再高潔，也不能改變官場的實質。蓮花再高潔，也不能改變污泥的性質。能夠改變的，只是我們自己的心，讓它不受到污染，只是我們自己可以逆行而上，找到另外的生存方式。

所以，陶淵明的「遠」，有離開的意思，也有保持距離的意思。離開什麼呢？離開一切和自己的本性相違背的東西。不論這些東西多麼熱鬧多麼榮耀，如果它們違背我們的本性，就一定要離開它們。所以，心遠，就是心不受任何環境因素的影響，知道哪些是可以改變的，哪些是不可改變的，知道自己要去哪裡。所謂個人的心靈可以改變環境，並不是指個人透過心念就可以改變具體的環境，而是指自己的心知道自己要去哪兒，自己找到或創造適合自己的環境。

04

在我們整個的生命歷程裡，「心遠」指的是不受環境的干擾，透過改變、離開等方式，自己創造自己的現實。在陶淵明的這首詩歌裡，「心遠」又不完全是指整個的生命歷程，而是一個當下的片刻。

有一個背景也許有助於理解這首詩歌。什麼背景呢？就是陶淵明寫這首詩的時候，他已經徹底辭官，徹底過著農夫的生活。在那個年代，不論那種生活多麼貧窮、多麼困頓，他沒有什麼別的選擇。他只能安於這種生活。至少，這種生活不會像官場的生活那樣違背自己的本性。

農夫的生活，在那個年代，不是一件浪漫的事情，而是一件困難的事情。陶淵明在無可選擇的困頓裡，安於當下，活出了另一種韻味。這是「心遠」的另一個意義，即使在彷彿毫無選擇的困境裡，我們的心如果對於這種困境保持距離，那麼，心還是可以把我們帶到一個美好的所在。

陶淵明這首詩的下半段，就寫了困頓生活裡的一個片刻：「採菊東籬下，悠然見南山。山氣日夕佳，飛鳥相與還。此中有真意，欲辯已忘言。」此刻我在採摘菊花，南山、飛鳥、雲霧，都是偶然相遇，也是有緣相遇，遇到了就遇到了，我忘掉了用什麼語言去描述此情此景。我只覺得此刻多麼安靜多麼美好。還需要說什麼呢？

此刻多麼安靜多麼美好，心遠地自偏。引導我們在每個當下向著自然敞開，向著本源敞開，放下一切的分別心，享受此時此刻。即使明天就是世界末日，此刻，我還是享受世間的光與影，還是懷著清潔的念頭讓生命盛開。

05

做一個簡單的歸納。這首詩是陶淵明最有名的一首詩，也常常被認為是隱士飄逸生活的寫照。隱士的生活多麼悠閒啊，每天就是採採菊花，看看山。但事實上，這首詩不過是很平實的生活再現，一點也不輕鬆。或者說，輕鬆瀟灑之下，暗湧著人生的無奈和痛苦。又或者說，這首詩不過寫出了：人生再無奈再痛苦，還是要活得輕鬆和瀟灑。

陶淵明不願意當官，回到田園，嚴格地說，不是隱居，而是換一種活法。他的辭官，不是為了逃避生活，而是因為熱愛生活，熱愛生命。所以，他辭了官，不是躲到深山裡去，與鳥獸為伍，而是回到家裡，和妻兒一起，過著農夫的生活。所以，他的房子還是在人世間，他還是活在人世間。這首詩不是一個隱士的飄逸情懷，而是生活在生活裡的一個當下感悟。

這個感悟很容易被理解成心能轉境。但事實上，如果我們結合陶淵明的生平，再來細讀這首詩，或者把這首詩和《歸田園居》結合起來讀，就會有更進一步的體會。什麼體會呢？就是在東方的思想體系裡，所謂以心轉境，其實是心境一體。並沒有心和境的分別，而是一個硬幣的兩面。

就如佛學裡所言：「心不自心，因境故心；境不自境，因心故境。」又如《維摩詰經》也說：「欲得淨土，當淨其心，隨其心淨，則佛土淨。」法藏法師則說：「塵是心緣，心為塵因。因緣和合，幻相方生。」這幾句好像很玄妙的話，如果我們真正領悟了，就會成為一種大智慧，讓我們徹底遠離分裂、糾結的生活狀態，而活在自在無礙裡。

第六杯

不要和笨蛋較勁
一較勁自己也成笨蛋

行止千萬端，誰知非與是。
是非苟相形，雷同共譽毀。
三季多此事，達士似不爾。
咄咄俗中惡，且當從黃綺。

—— 陶淵明《飲酒》(其六)

人事的變化千頭萬緒，很難確定其中的是是非非。

有分別心就會有是非，對人事的毀譽我們又往往人云亦云。

從古至今大家就隨波逐流，只有少數見識高超的人才能做到不同流俗。

世俗裡太多惡習以大多數人的盲從而顯得理直氣壯，你去理論只會陷於泥潭，

不如像商山四位老者那樣隱居山裡。

01

這個世界太多笨蛋，我懶得和他們說理，不如遠遠地躲開他們算了。陶淵明這首詩說的就是這麼一個意思。大多數人的看法，不一定正確，關於這個意思，孔子說過一句很精闢的話：「眾惡之，必察焉；眾好之，必察焉。」大意是眾人厭惡他，一定要仔細思考為什麼；眾人都喜歡他，也一定要仔細思考：為什麼呢？孔子的意思是大家都說好的人不一定是好人，大家都說壞的人不一定是壞人。

那麼，怎麼樣才是好人呢？孔子說，好人說他好，壞人說他壞的人，才是真正的好人。但，問題來了，我們又怎麼判斷誰是好人誰是壞人呢？

現實裡，我們常常把對自己好的人叫好人，把對自己壞的人叫壞人。這是一個問題。我們每個人都很難超越自己的界域，就算明智的人努力著要做到客觀，但一到具體的事務裡，還是免不了帶著自己的成見。所以，真正明智的人想來想去，還是「呵呵」了事。

呵呵。

02

陶淵明詩的第一句，就說世界的事很複雜，其中的是非不太容易判斷。第二句的意思是，之所以有是非判斷，是因為有二元分別，比如有好壞的分別，有苦樂的分別，而我們往往不假思索地做出判斷，又往往是人云亦云。

當我們做判斷的時候，其實並不是自己在做判斷，而是「群體」在做判斷。我們只是隨大流，隨著這個群體在判斷。有一個心理實驗，叫阿希從眾實驗。每組七個人，其中只有一個人是真正的被試者，其他六個都是實驗老師的助手。當然，那個被試者並不知道其他六個人的真實身分。實驗老師向每一組所有人展示一條標準直線X，同時向所有人出示用於比較長度的其他三條直線A、B、C，其中有一條和標準直線X長度一樣。然後讓所有人（其中包括六位助手和一位真的被試者）指出與X長度一樣的直線。實驗老師故意把真的被試者安排在最後一個，前面六位元實驗老師的助手都會按照事先的要求，故意說出一個統一的錯誤答案。最後，請那位真正的被試者判斷哪條直線和X長度一樣。

結果是這樣的，近四成的回答是遵從了其他人意見的錯誤回答；約四分之三的人在十八次類似測試裡至少出現了一次錯誤；大約僅四分之一的人保持了獨立性，自始至終沒有一次從眾發生。

這麼簡單而明顯的問題，還是有不少人選擇了人云亦云的錯誤答案。

03

還有一個心理學實驗，講的也是從眾心理。學校的教室裡，一個老師正在上課。上到一半的時候，突然說要去隔壁儲藏室閣樓上拿點東西。老師走後幾分鐘，隔壁傳來聲響，像是有人倒在地上。有趣的事情發生了。如果教室裡只有一個學生，那麼，這個學生想也不想，就跑到隔壁去看看老師是否摔了下來。如果教室裡有三四個學生，那麼，大家會你看我、我看你一會兒，然後，會有一個學生站起來去隔壁看看有什麼情況。如果教室裡坐滿了學生，那麼，往往沒有一個學生會出去看看發生了什麼。

04

人都有從眾的心理。所以，陶淵明接著說，從前到現在，一般人都是隨大流，很少有人能夠真正獨立思考。然後，他說了句很有意思的話：流俗的東西裡，有很多「惡」。他自己對於這些惡無能為力，只好像黃、綺那樣遠遠地躲避這個世道。

黃就是黃石公，綺就是綺里季，加上東園公、角里先生，就是很有名的「商山四皓」。秦始皇統一中國後，這四個老先生躲到了商山。到劉邦建立漢朝，他們還是不肯出來做官。黃石公，又叫夏黃公，據說張良年輕時候得到過他的指點。又傳說他們四個人曾經幫助呂後保住太子的地位。陶淵明的詩裡不止一次提到商山四皓，重點在於他們不願做官，遠離世俗雜務。在陶淵明的年代，以及後來的年代，中國的文人說起四皓，其實是在憧憬一種遠離世俗的美好活法。

05

如果只是人云亦云，隨波逐流，那麼，不過是平庸而已。但這種人云亦云的平庸，卻會產生「惡」。比如，女人有外遇不問原因，習慣性地就叫罵，罵她是婊子，不僅僅罵她婊子，還要浸豬籠。這就不僅僅是從眾了，而是一種惡的社會習俗。

再比如，在陶淵明生活的年代，社會習俗講究門第，陶淵明的曾祖父陶侃作為東晉的開國將領，功勞大到青史留名，但並沒有什麼用，當時的豪門還是很瞧不起他。死後，他的爵位也沒能夠傳給自己的兒子。

不過，細細品味陶淵明的詩句，這種「俗中惡」，令他決心像商山四皓那樣遠離世俗社會，它的含義，應該不是簡單的心理學上的「從眾」，也不完全是「講門第」之類的社會惡俗，更多地還是指一般人對於權力的屈從和膜拜造成的社會風氣。

體會一下喬治·奧威爾的一個故事。奧威爾的《動物農莊》裡有一個故事：「雪球和拿破崙又照例發生了分歧。根據拿破崙的意見，動物們的當務之急是設法武裝起來，並自我訓練使用武器。而按雪球的說法，他們應該放出越來越多的鴿子，到其他莊園的動物中煽動造反。一個說如不自衛就無異於坐以待斃；另一個則說如果造反四起，他們就斷無自衛的必要。動物們先聽了拿破崙的，又聽了雪球的，竟不能確定誰是誰非。實際上，他們總是發現，講話的是誰，他們就會同意誰的。」

講話的是誰，他們就同意誰。誰有話語權，他們就同意誰。

06

好像是佛洛姆說的：「專制的國家形式需要用威脅和恐怖手段去製造同一狀態。」中國古代的權力場，弄權者慣於以威脅和恐怖獲得大多數人的順從。再來體會一個故事，叫「指鹿為馬」，說的是秦朝的趙高，輔助胡亥當了皇帝成為秦二世，但趙高自己也想當皇帝，就暗中培植自己的勢力，成為朝廷裡最有權勢的人，秦二世其實成了傀儡。有一天，他帶著一頭鹿獻給二世，說：「請皇上收下這匹馬。」二世疑惑，說：「這是鹿啊，你怎麼說是馬？」二世笑著問大臣：「是丞相弄錯了吧，這明明是馬吧？」沒想到，大臣裡有的沉默，有的立即回答說：「丞相沒有錯，這是馬。」只有極少數大臣說這是鹿。

幾天後，說鹿的大臣全部被趙高幹掉了。

佛洛姆好像又說了一句：「專制制度裡只有少數非凡的英雄和殉道者才會抵制順從。」商山四皓不想做英雄和殉道者，但也不想順從。所以，他們就到商山裡去了。陶淵明顯然也無意當英雄和殉道者，也不想順從，所以，就辭了官去當農民了。

07

像「指鹿為馬」這樣的事，不只是平庸，而是造成了整個社會機制的腐敗。所以，陶淵明用了一個詞：咄咄。太讓人震驚了，太讓人驚訝了，這麼笨蛋的事，居然大家都順從了？是的，大家都順從了。怎麼辦呢？陶淵明說：我還是遠遠地離開他們吧。「咄咄」變成了「呵呵」。中國歷史上，敢於說「鹿」的人，越來越少，因為被殺光了。少數人像陶淵明那樣逃避，多數人或說「馬」順從，或沉默順從。

呵呵。

第七杯

如何把每一天
都過得很美好

秋菊有佳色，裛露掇其英。
泛此忘憂物，遠我遺世情。
一觴雖獨進，杯盡壺自傾。
日入群動息，歸鳥趨林鳴。
嘯傲東軒下，聊復得此生。

—— 陶淵明《飲酒》（其七）

秋天的菊花正在盛開多麼美妙，拾取露水裡濕漉漉的花瓣。
花瓣浮在酒杯裡，好像世俗的嘈雜離我更加遙遠了。
獨自飲盡一杯，再執壺為自己倒一杯。
太陽下山了，萬物都要休息，鳥兒歡叫著向著林中歸去。
我啊回到東窗下唱著歌，就這樣吧，就這樣度過我的一生。

我很喜歡陶淵明這首詩，一下子把生活中隨處可見的喜悅寫了出來，因花開而喜悅，又因酒而迷醉。但太陽下山了，還記得回家，回到家裡還要在東邊的窗下唱歌。然後，很滿足地說，這一生就這樣過吧。

很多時候，我們失去了喜悅的能力。米蘭・昆德拉在一篇文章裡寫到，有一次他開車堵在路上，旁邊車上是一男一女，兩個人都在使勁詛咒糟糕的交通，還不停地揮舞手臂。昆德拉感慨，一個男人和一個女人在車裡，堵在路上，他們完全可以調情，把一次擁堵變成一次情欲的探險。然而，他們卻只是詛咒討厭的擁堵。

其實，除了情欲的冒險，擁堵的時候，我們還有許多有趣的事情可以做。世界那麼大，那麼多美好的事物，再擁堵也擋不住。但是，我們往往被堵在某個困境裡，不能自拔。

更要命的是我們還往往陷在「廁所工程」裡，忘了回家的路，忘了我們來到這個世界上，不是為了鑽牛角尖，不是為了詛咒，不是為了煩惱，而是為了生命的綻放，為了更廣闊的道路，為了喜樂。

一位富翁要外出遠遊，請了一位「智士」入住他的豪宅，並讓所有的用人聽從「智士」的調遣。智士從未見過如此豪華的住宅，非常歡喜，心想在接下來的幾天要好好享受。

不一會兒，他去廁所小解，見到廁所有點局促，便召來工人，要把廁所改造得大一些。結果，接下來的時間，他完全糾纏在廁所工程裡，忙得蓬頭垢面、廢寢忘食。

差不多到了過年，廁所尚未改造好，而富翁卻已經回家。「智士」這才若有所失，對富翁說：「自從你出去後，我每天埋頭廁所工程，完全沒有去享受你這所華麗的宅邸，那些花、草、竹子、北榭南樓的風與月……都未及觀賞。不想歲月如飛，你一下子就回來了。你回來了，我就得離開了。」「智士」又回到自己的舊居，鬱鬱而死。

第八杯

人生難免有掙扎
掙扎之後解套就好

青松在東園，眾草沒其姿。
凝霜殄異類，卓然見高枝。
連林人不覺，獨樹眾乃奇。
提壺撫寒柯，遠望時復為。
吾生夢幻間，何事絏塵羈？

—— 陶淵明《飲酒》（其八）

青松啊生長在東園裡，繁雜的草木啊掩蓋了它的英姿。

冬天來了，草木凋零，只有松樹的枝幹高高聳立向著天空。

連成一片的樹林不會引起人的注意，獨立的松樹顯得格外奇特。

提著酒壺在冬天的樹木裡，時時遠眺，心曠神怡。

人生啊恍惚如夢，何必被塵世束縛住了自己的生命？

01

這首詩的關鍵是最後一句，人生如夢，我們何必還要受世俗的羈絆？怎麼樣才能不受世俗的羈絆呢？陶淵明給出的答案，是你要做一棵獨立的不怕嚴霜的青松。

這個，對於今天的絕大多數人來說，有點夢幻。對大多數人來說，說到不受束縛，第一想到的大概是錢。第二是能不能不上班。但能不能不上班，又是一個錢的問題。有一個很流行的詞叫「財務自由」，意思是我有足夠的錢可以供我做喜歡的事情，不用再受體制啊、上下班啊等等的束縛。

那麼，怎麼樣才能財務自由呢？答案是理財，不要傻傻地存錢。有一本暢銷書的作者說：「儲蓄全都是輸家的策略，你要儘快地實現財務自由。」

但是，怎麼樣實現財務自由呢？那本書反覆講的就是要理財，理財，理財，理財你就是人生贏家。怎麼理財呢？翻來覆去說的就是不要儲蓄，不要儲蓄，不要儲蓄。不要儲蓄，那把錢投往哪兒呢？理財，理財。基本就是跳針重複，繞著圈，但不斷地灌雞湯，不斷地用精心設計的小故事說明理財就會發大財，不斷用貌似哲理性的話語強調理財才是真正地活過（我一直懷疑這本暢銷書的作者就是某個理財產品的老闆，整本書就是一個大忽悠的行銷）。

說到理財，我想起以前一個朋友，有一天突然很興奮地請我吃飯，說他已經找到了一種自由自在又能賺錢的活法。我問他是什麼方法，他說炒股票。他說他研究股票一年，終於發現只要按照一定的紀律去炒，基本能夠保證每月有一定的收入。但是，大約一年以後，又見到他，很沮喪的樣子。聊天的時候，他說自己又找了一份工作，打算好好幹活，好好存錢，這輩子再也不炒股票了。顯然，讓股票傷了。我問他：不是說只要遵守紀律，就一定會贏嗎？他回答：再好的紀律，再好的規則，還是敵不過太多太多的意外。

這倒是真的。我們設計好的人生，總是在各種意外裡，最後一地雞毛。

又有一位朋友，上世紀九十年代初就糊里糊塗賺到一千萬。那時候他很年輕，所以，他對我們說：年輕人不應該賺了錢就買房子啊存錢啊，應該做事業。他那時候好像覺得中國的某個行業太低端了，決心要把這個行業提升到國際水準。他說他真的不是為了錢，而是為了情懷。前幾天，我遇到他，站在某個酒店大堂裡聊了一會兒，大概知道他目前的情況是，既沒有買房也沒有買車，還欠著五、六千萬的債。

02

關於賺錢，好像並沒有什麼訣竅或規則。就像孔子說的，生死有命，富貴在天，好像不是人力可以強求的。到底賺多少錢才算財務自由？其實並沒有一個確切的數字標準。一個月收入十萬元的人，假如每個月的開銷是十一萬元，那麼，還是沒有財務自由。而一個收入一萬元的人，假如他的開銷只有五千元，那麼，至少他的財務狀況是穩定的。

所以，財務自由更多地取決於你的欲望、你的才華、你的收入這三者之間是否匹配。很多時候，財務自由，不是靠賺取更多的錢，而是依靠更合理地使用已經賺到的錢。

但就算你能夠合理地使用錢，財務自由和人的心靈自由好像也沒有必然的關係。我有一個很好的朋友，上世紀九十年代就賺了幾百萬，他沒有什麼夢想，只想實實在在地過不用上班的日子，所以，就把這幾百萬，分成了幾份，一份存銀行，一份買保險，一份買股票，一份買了六套房子。當然，真正讓他財務自由的不是股票，也不是保險，而是他的六套房子。靠著這六套房子，他很快實現了財務自由。不用上班，也不開公司，每年世界各地到處遊玩。最後，移民紐西蘭，每天看海、看雲……

去年，他卻回國了。說在國外實在覺得無聊，回國後又不知道做什麼事好。這一年，他就東晃西蕩，有點找不到方向。前幾天他約我喝咖啡，很認真地說自己可能得了抑鬱症。這麼多年來，他並不缺錢，也不用去掙錢，但是，他一直找不到可以全身心投入的事去做。這算是一個財務自由了的人，但他的心靈好像並沒有自由。

03

陶淵明這首詩講的不受世俗束縛，著眼點並不是我們現在人關心的「財務自由」啊、「不用上班」啊，而是如何不違背自己的意願，不受世俗觀念和習慣的影響，做真正的自己。不要淹沒在林海裡，再也沒有自己的色彩和形狀，而是要生長成一棵獨立的樹。不要當了官，就變成了官僚；隱居了，就成了隱士。而是不論做官還是隱居，都是在做自己。自己的心靈要自由，要由著自己。更不要在追求「財務自由」的過程中，成了財務的奴隸。

蘇東坡稱讚陶淵明：「欲仕則仕，不以求之為嫌；欲隱則隱，不以去之為高。饑則扣門而乞食，飽則雞黍以迎客。古今賢之，貴其真也。」做官時就做官，並不覺得當官會損害自己的清譽；隱居時就隱居，也並不覺得隱居會給自己帶來多大的名譽。窮得沒有飯吃的時候，就去討飯；有了吃得飽的，就請大家一起來吃。

蘇東坡多少把陶淵明浪漫化了。事實上，陶淵明每一次辭官，還是滿掙扎的，窮得沒有飯吃的時候，還是有憤怒，有不平，也有掙扎。陶淵明的了不起在於，他在掙扎的過程裡越來越堅定地做自己，而不是越來越失去自己。

越來越活成一棵青松，活成一個無法歸類的人。我就是我自己。如果你有時間，耐心地去讀魏晉南北朝的歷史，乃至整個中國歷史，你會發現，陶淵明當然和一般的官員非常不一樣，但他和那些隱士也不太一樣，和那些愛喝酒的人也不一樣。陶淵明的隱和醉，都有他自己非常獨特的點，都不是簡單地對官場的逃避，而是一種實實在在的生活之道。用葉嘉瑩先生的話說：「在古今詩人之中，能夠直接面對人生的苦難悲哀，而且真正找到了一個解決辦法的，只有陶淵明。當然，他也不得不為自己所選擇的這條道路付出了勞苦饑寒的代價。而這正體現了他的高尚和偉大。」

陶淵明在這首詩裡要表達的意思，仍然是他反覆強調的要做自己，至於錢，是他完全不予考慮的。在陶淵明看來，人生如夢，一切都歸於虛無，那麼，還不如好好做自己，追隨自己的內心。與其違背自己去討好別人，還不如在樹林間，獨自提著酒壺，喝個痛快。

第九杯

我不管別人
別人也管不著我

清晨聞叩門，倒裳往自開。
問子為誰與？田父有好懷。
壺漿遠見候，疑我與時乖。
襤縷茅簷下，未足為高棲。
一世皆尚同，願君汩其泥。
深感父老言，稟氣寡所諧。
紆轡誠可學，違己詎非迷。
且共歡此飲，吾駕不可回。

—— 陶淵明《飲酒》（其九）

清早聽到敲門的聲音，來不及穿好衣服就去開門。
請問來者是何人？原來是好心的老農。
拿著酒遠道來問候，擔心我一個人不合時宜那麼孤單。
穿著破爛衣服住在茅草棚裡，太委屈了我的身分。
世上的人都隨波逐流，希望我也順勢而為。
老人這一番話讓我深深感動，只是我天性如此難以改變。
官場上那一套不是不可以學，但違背了自己的本心豈非迷失了自己？
不如一起痛飲一杯，我是再也不會回到我不喜歡的地方。

01

這首詩的場景很有意思。一大早，一個「田父」，就是種田的老者，我們現在說的老農，就來敲門。陶淵明以為有什麼很緊急的事情，不承想，老農不過是給陶淵明送酒來的，為什麼要送酒呢？擔心陶淵明寂寞。把酒放下，免不了聊聊天。聊天的時候，老農像一個長者一樣，勸了陶淵明一番，大意是何必把自己弄得這麼貧苦，人活在世上，還是要有一點點妥協。陶淵明回答說，很感謝老人家的好意，但他天性如此，實在覺得當官會違背自己的本性，所以，自己還是做一個快樂的窮光蛋吧。

陶淵明又說：討論這樣的話題，實在無趣，您老人家不如坐下來，和我慢慢喝一杯吧。我覺得這樣活得很自在，何必還要回頭去做官？當官的話題實在無趣得很，我們這樣痛快地喝酒，不就是很美好的生活嗎？

02

陶淵明和老農的這一段對話，很容易讓人想起《楚辭》，想起屈原的《漁父》。漁父，打魚的老者，曾經在江邊和屈原有過一段對話。遭到流放的屈原，滿懷委屈，面目憔悴，一個人到江邊隨意走，琢磨著要不要跳江。這時，一個打魚的老者走了過來，問他是不是三閭大夫屈原，為什麼混成了這個樣子。

屈原回答：「舉世皆濁我獨清，眾人皆醉我獨醒，是以見放。」意思是全世界的人都在蹚渾水，只有我清清白白做人；大家都昏醉看不清真相，只有我清醒地看到了這個社會的問題所在。所以，落得一個被流放的下場。

打魚的老人就勸屈原：「聖人對於事物不執著，而能隨機應變。世上的人都渾濁，為什麼不乾脆攪渾泥水揚起濁波？大家都昏醉了，何不既吃酒糟又大喝其酒？為什麼想得過深又自命清高，以致讓自己落了個被放逐的下場？」

屈原回答：「我聽說，剛洗過頭一定要彈彈帽子，剛洗過澡一定要抖抖衣服。清白的身體怎麼能接觸世俗塵埃的污染呢？我寧願跳到江裡，葬身在江魚腹中，也不願意讓晶瑩剔透的純潔，蒙上世俗的塵埃呢。」

漁父聽了，微微一笑，搖起船槳動身離去。唱道：「滄浪之水清又清啊，可以用來洗我的帽纓；滄浪之水濁又濁啊，可以用來洗我的腳。」便遠遠地離去了，不再同屈原說話。漁父的意思是，政治清明、遇到明君的時候，不妨做做官，為社會做點貢獻；但政治腐敗、遇到昏君的時候，不妨退隱家裡好好過自己的生活，逍遙自在。

03

《莊子》裡也有一篇《漁父》，講的是孔子在杏樹林和弟子彈琴唱歌，突然走出一個打魚的老者，把孔夫子劈頭蓋臉批評了一頓，孔夫子居然還恭恭敬敬聽完了批評，並對子路說，這個打魚的老者是一個明白了人生終極道理的智者。那麼這個老者說了什麼呢？

這個老者最核心的一句話是：「姓孔的這哥們，講仁真可說是仁了，不過恐怕其自身終究不能免於禍患，真是折磨心性，勞累身形，危害了他本人的自然本性。唉，他離大道也實在是太遠太遠了！」

這句話背後的邏輯是什麼呢？大自然有它的運行規律，每個人有他自己的本分。每個人按照自然規律，做好自己的本分就可以了。孔子看到社會有種種弊端，非要用一套人倫道德去要求大家，是違背了自然規律。不僅很累，還可能帶來無窮的禍害。

漁父說人有八種毛病。第一，不是自己職分以內的事也擔著去做，叫作「總」；第二，沒人理會也說個沒完，叫作「佞」；第三，迎合對方順應話意，叫作「諂」；第四，不辨是非巴結奉承，叫作「諛」；第五，喜歡背地裡說人壞話，叫作「讒」；第六，離間故交挑撥親友，叫作「賊」；第七，稱譽偽詐敗壞他人，叫作「慝」；第八，不分善惡美醜，好壞相容而臉色隨應相適，暗暗攫取合於己意的東西，叫作

「險」。

漁父進一步解釋說：有這八種毛病的人，對外，讓別人迷亂；對內，傷害自身。歸納起來，漁父覺得孔子的問題，在於他一根筋地非要按照自己設計的標準改造社會、改造別人，活得很累，還很容易惹上危險。漁父的生活態度是：我不管別人，別人也別來管我。

04

屈原的《漁父》，以及莊子的《漁父》，尤其是莊子的《漁父》，基本是在講道理。而陶淵明和「田父」的對話，不完全是講道理，而是一個很生動很溫暖的生活場景。「田父」對陶淵明的勸說，更多地不是想用一種生活態度說服他，而是一種鄉鄰之間的關心，一個很普通的農民對於文化人的關心。

但屈原的「漁父」和莊子的「漁父」，不是普通人，而是有著自己生活哲學的「高人」，他們對於屈原和孔子的活法不以為然，提出了一種在他們看來更好的活法。事實上，在做自己這一點上，屈原、孔子和陶淵明、漁父這四個人是一樣的，他們都和他們所處的現實發生了嚴重的衝突，他們都是有著自己理想和價值觀的人，而且，他們都不願意遷就現實，都堅持要做自己；但在如何做自己這一點上，他們分道揚鑣了。

對於孔子、屈原而言，做自己意味著改造現實。不論現實多麼昏暗，不論楚懷王多麼昏庸，屈原還是一心一意地要改變現實，要說服楚懷王聽從自己的強國策略。對於陶淵明、漁父而言，他們不願意和現實糾纏，覺得現實昏暗，就遠遠地離開了。這是兩種不同的生活方式，很難說哪一種更好。

第十杯

為了謀生
該不該做自己不喜歡的事

在昔曾遠遊，直至東海隅。
道路迥且長，風波阻中途。
此行誰使然？似為饑所驅。
傾身營一飽，少許便有餘。
恐此非名計，息駕歸閒居。

—— 陶淵明《飲酒》（其十）

從前啊我也曾遠遊，一直到了遙遠的東海邊。

道路啊迂迴而漫長，總有風風雨雨阻擋了前行的路。

為什麼要風雨兼程？不過是為了生活。

生活所需多麼簡單，何必竭盡全力跋涉在險惡之途？

鑽營的生活實在違背我的內心，還不如回到家裡悠閒度日。

01

在這首詩裡，陶淵明說：當初為了一家人有飯吃有衣穿，我大老遠地去做官，沒有想到官場的險惡超出我的想像；算了，當初我的目的不過是謀生，謀生不過是混個溫飽，何必為了溫飽耗費那麼大的心神，犧牲自己內心的原則？

陶淵明寫這首詩時，一定是想到了莊子的一句話：「鷦鷯巢於深林，不過一枝；偃鼠飲河，不過滿腹。」莊子講的是堯帝去山裡尋找著名的隱士許由，要把天下讓給他，沒有想到許由立馬拒絕了，並對堯帝說：「你這樣做是因為怕天下治理不好嗎？既然你已經治理得很好了，這又是為了什麼呢？小鳥在樹林裡築巢，只用一根樹枝；鼴鼠在河裡喝水，只不過滿腹。還是把天下留給你自己吧！我要天下有什麼用？」

許由的意思是人的所需其實很有限。如果我們滿足於有限的所需，那麼，就可以做自己喜歡的事，自得其樂，不受別人的牽制。二十世紀的畫家杜尚有過同樣的意思。卡巴納問杜尚：「回顧您的一生，什麼讓您最滿意？」杜尚回答：「首先，我很幸運，因為我基本上沒有為糊口去工作。我認為從實用的角度看，為了糊口而工作是挺傻的。我希望有那麼一天我們可以不必為糊口而生。感謝我的運氣，使我不必下海掙錢。我從某個時候起認識到，一個人的生活不必負擔太重和做太多的事，不必要有妻子、孩子、房子、汽車……從根本上說，這是我生活的主要原則。所以我覺得自己很幸福，我沒生過什麼大病，沒有抑鬱症，沒有神經衰弱……我不能告訴你更多了，我是生而無憾的。」（引自王瑞芸譯《杜尚訪談錄》）

許由一個人在潁水邊的茅棚裡度過了快樂的一生。杜尚一個人，沒有妻子，沒有房子，沒有汽車，在紐約、巴黎這樣的大都會裡度過了快樂的一生，喜歡下棋的時候就下棋，喜歡畫畫的時候就畫畫，喜歡什麼都不做的時候就什麼都不做。

02

許由、杜尚的生活告訴我們，如果我們願意克制自己的欲望，那麼，我們完全可以做自己想做的事，完全可以自由地度過一生。很多人說做自己喜歡做的事，卻總是不能付諸行動，總是在自己不喜歡的事情裡彷徨、掙扎，總是說為了謀生。謀生成了很多人苟且偷生的藉口。其實不是為了謀生，而是為了欲望。什麼欲望呢？就是既要自由，既要做自己喜歡做的事，卻又不願意付出代價。說得直白一點，還是貪婪，什麼都想要，什麼都不想放棄。於是，一輩子都在泥潭裡掙扎。

如果只是為了謀生，就像陶淵明所說的，謀生不過混個溫飽，是一件很簡單的事，就算討飯，人還是可以活下去的。如果謀生這件事，傷害自己的內心，那麼，唯一的辦法，就是回到簡單的生活。用簡單來抵禦這個世界的險惡，用簡單來化解這個世界的無聊。

寒山說：「總為求衣食，令心生煩惱。」他的意思不是說不需要去求衣食，而是說，如果我們在謀生的過程裡總是煩惱叢生，那麼，就不是真正的謀生了。更進一步，他的真正意思是：如果我們為了謀生，而去做損害自己本性的事情，那麼，就算你得到了財寶，卻讓自己淪落到非人的地步，又有什麼意思呢？

03

陶淵明的意思很清楚，當我們為了謀生做的那件事傷害了自己的本性，那麼，就應該不再做這件事。但如何解決生活的問題呢？陶淵明的答案是節制自己的欲望，過一種清貧卻自由的生活。回到本章的標題：該不該為了謀生去做自己不喜歡的事？如果以陶淵明的例子，那麼，回答肯定是不應該。

陶淵明之所以認為不喜歡的事不應該做，是因為這件事越過了他做人的原則。但是，很多我們不喜歡做的事，並不一定會越過我們做人的界限。比如，在商店做一個店員，或者在學校做一個老師，又或者陪親戚去遊覽景點，或者加班寫一個文案，等等，可能都不是我們喜歡做的事，但這些事並不會違背我們做人的原則，我們只是厭煩，只是不喜歡，但為了謀生，為了人情，還是不得不做，做了也無傷大雅。

所以，如果以喜歡還是不喜歡為標準，那麼，既可以回答，為了謀生，我們有時候絕對不應該做自己不喜歡的事；也可以回答，為了謀生，我們有時候不得不做自己不喜歡的事。

也許，這個問題換一種問法會更清晰：我們能不能把自己的愛好變成謀生的手段？如果以陶淵明為例，回答是並不能夠。陶淵明最喜歡的愛好無疑是讀書、寫詩、喝酒，但這三件事在他那個年代都不能讓他養家糊口，所以，他只好選擇種地，做農夫。從他的詩裡，我並不認為他發自內心地喜歡這種工作。但是，相比於當官，這個不喜歡的事情，只是不喜歡而已，並不會違背做人的原則，所以，他就把這個不喜歡的事變成自己喜歡的事了。

這一點，有點像英國十九世紀的作家蘭姆。蘭姆酷愛寫隨筆，但沒有辦法用稿費養家糊口，十四歲就開始做職員，一直做了三十六年。他在晚年寫《退休的人》一文，開篇就說：「假設你命裡註定，將一生的黃金歲月，即光輝的青春歲月，全部消磨在一個沉悶的寫字間的斗室之內；而且，這種牢房似的生涯從你壯盛之時一直要拖到白髮蒼蒼的遲暮之年，既無開釋，也無緩免之望……」

但蘭姆並沒有放棄寫作。在我看來，恰恰是業餘時間的寫作，把他從沉悶的工作中解放了出來。如果蘭姆和陶淵明活在今天，以他們的寫作才華，大約都能夠透過自己的愛好賺到足夠的稿費養活自己和家人。這確實是世俗生活最高的境界：自己的愛好就是自己的工作。今天這個時代，市場經濟、傳播技術，為每一個個人提供了無限的可能，每個人都可能從自己的愛好裡找到謀生之道。

當然，也有小朋友對我說，問題是他沒有什麼愛好。那麼，我只能說，這個小朋友唯一要學習的就是如何喜歡自己正在做的事。你正在做的事，就是你的愛好。另有一個小朋友說：我喜歡運動，但我實在沒有辦法從運動裡找到賺錢的門道，我不得不找一個公司去上班。那麼，我只能說，這個小朋友唯一要做的，只是找一份不那麼討厭的工作維持生活，同時一輩子保持你的愛好。說不定，在你不斷地堅持自己愛好的過程裡，突然有一天，你的愛好解決了你的謀生問題，你再也不用回那個公司上班了。

第十一杯

反正最終都是一死
活得合乎自己心意就好

顏生稱為仁，榮公言有道。
屢空不獲年，長饑至於老。
雖留身後名，一生亦枯槁。
死去何所知，稱心固為好。
客養千金軀，臨化消其寶。
裸葬何必惡，人當解意表。

—— 陶淵明《飲酒》（其十一）

大家都說顏回是一個仁者，又說榮啟期是一個有道之人。

顏回貧窮而且短命，榮啟期一輩子挨餓。

雖然死後留下了美名，但生前卻過得那麼困苦。

死了之後還知道什麼呢？活著只求合乎自己的心意就好。

這個身體不論怎麼保養，最後都註定幻化成灰。

死後簡簡單單地埋在土裡，不過是回到了自然而已。

01

這首詩用死亡來寬慰自己。既然人最終一死，何必計較那麼多，只要稱心就好。既然死後什麼都不知道了，死了也就死了，何必那麼怕死，又何必那麼重視葬禮？

陶淵明同時代的慧遠大師開創中國的淨土宗，相信只要堅持修行，死後一定可以往生西方極樂世界。陶淵明對這個說法，顯然是懷疑的，他對死亡的態度，是自然主義的，死了就死了，死後去哪裡我們誰也不知道。所以，我們活著的時候，也沒有必要執著於死後去哪裡，只要老老實實把此世活好就好了。

陶淵明對於死亡的態度，詳細地體現在他那篇《自祭文》裡。據說，陶淵明是中國歷史上第一個為自己寫祭文的人。在這篇自祭文裡，陶淵明回顧了自己的一生，又摹想了死後的具體情景。如果和這首一起讀，更能捕捉到陶淵明對於死亡的態度。

> 此刻，丁卯年九月，天氣寒冷，秋夜漫長，一片蕭條，大雁南飛，草木凋零。我將要辭別這暫時寄居的人世，永遠回到自己本來的住處。親友們懷著淒傷悲哀的心情，今晚一道來祭奠我的亡靈，為我送行。他們為我供上了新鮮的果蔬，斟上了清酒。看看我的容顏，已是模糊不清；聽聽我的聲音，更是寂靜無聲。悲哀啊，悲哀！

茫茫大地，悠悠高天，你們生育了萬物，我也得以降生人間。自從我成為一個人，就遭遇到家境貧困的命運，飯筐水瓢裡常常是空無一物，冬天裡還穿著夏季的葛布衣服。可我仍懷著歡快的心情去山谷中取水，背著柴火時還邊走邊唱，在昏暗簡陋的茅舍中，一天到晚我忙碌不停。從春到秋，田園中總是有活可幹，又是除草又是培土，作物不斷滋生繁衍。捧起書卷，心中歡欣；彈起琴弦，一片和諧。冬天曬曬太陽，夏天沐浴於清泉。辛勤耕作，不遺餘力，心中總是悠閒自在。樂從天道的安排，聽任命運的支配，就這樣度過一生。

這人生一世，人人愛惜它，唯恐一生不能有所成就，格外珍惜時光。生前為世人所尊重，死後被世人所思念。可嘆我獨行其是，竟是與眾不同。我不以受到寵愛為榮耀，汙濁的社會豈能把我染黑？身居陋室，意氣傲然，飲酒賦詩。我識運知命，所以能無所顧念。今日我這樣死去，可說是沒有遺恨了。我已至老年，仍依戀著退隱的生活，既以年老而得善終，還有什麼值得留戀！

歲月流逝，死既不同於生，親戚們清晨便來弔唁，好友們連夜前來奔喪，將我葬在荒野之中，讓我的靈魂得以安寧。我走向幽冥，蕭蕭的風聲吹拂著墓門，我以宋國桓魋那樣奢侈的墓葬而感到羞恥，以漢代楊王孫那過於簡陋的墓葬而感到可笑。墓地空闊，萬事已滅，可嘆我已遠逝，既不壘高墳，也不在墓邊植樹，時光自會流逝。既不以生前的美譽為貴，誰還會看重那死後的歌頌呢？人活著真的不容易，死了又怎麼樣呢？悲哀啊，悲哀！

02

蘋果公司創始人賈伯斯在史丹佛大學演講，那時候他已經身患癌症，他在演講的第三部分專門談了他對於死亡的看法：

我的第三個故事，是關於死亡。

在十七歲的時候，我讀過一句格言，好像是：「如果你把每天都當成生命裡的最後一天，你將在某一天發現原來一切皆在掌握之中。」（笑聲）這句話從我讀到之日起，就對我產生了深遠的影響。在過去的三十三年裡，我每天早晨都對著鏡子問自己：「如果今天是我生命中的末日，我還願意做我今天本來應該做的事情嗎？」當一連好多天答案都否定的時候，我就知道做出改變的時候到了。

提醒自己行將入土是我在面臨人生中的重大抉擇時，最為重要的工具。

因為所有的事情——外界的期望、所有的尊榮、對尷尬和失敗的懼怕——在面對死亡的時候，都將煙消雲散，只留下真正重要的東西。在我所知道的各種方法中，提醒自己即將死去，是避免掉入「畏懼失去」這個陷阱的最好辦法。人赤條條地來，赤條條地走，沒有理由不聽從你內心的呼喚。

大約一年前，我被診斷出癌症。在早晨七點半我做了一個檢查，掃描結果清楚地顯示我的胰臟出現了一個腫瘤。我當時甚至不知道胰臟究竟是什麼。醫生告訴我，幾乎可以確定這是一種不治之症，頂多還能活三至六個月。大夫建議我回家，把諸事安排妥當，這是醫生對臨終病人的標準用語。這意味著，你得把今後十年要對子女說的話用幾個月的時間說完；這意味著你得把一切都安排妥當，盡可能減少你的家人在你身後的負擔；這意味著向眾人告別的時間到了。

我整天都想著診斷結果。那天晚上做了一個切片檢查，醫生把一個內診鏡從我的喉管伸進去，穿過我的胃進入腸道，將探針伸進胰臟，從腫瘤上取出了幾個細胞。我打了鎮靜劑，但我的太太當時在場，她後來告訴我說，當醫生們從顯微鏡下觀察了細胞組織之後，都哭了起來，因為那是一種非常罕見的，可以透過手術治療的胰臟癌。我接受了手術，現在已經康復了。

這是我最接近死亡的一次，我希望在隨後的幾十年裡，都不要有比這一次更接近死亡的經歷。在經歷了這次與死神擦肩而過的經驗之後，死亡對我來說只是一項有效的判斷工具，並且跟只是一個純粹的理性概念時相比，我能夠更肯定地告訴你們以下事實：沒人想死，即使想去天堂的人，也是希望能活著進去。死亡是我們每個人的人生終點站，沒人能夠成為例外。

生命就是如此，因為死亡很可能是生命最好的造物，它是生命更迭的媒介，送走耄耋老者，給新生代讓路。現在你們還是新生代，但不久的將來你們也將逐漸老去，被送出人生的舞臺。很抱歉說得這麼富有戲劇性，但生命就是如此。

你們的時間有限，所以不要把時間浪費在別人的生活裡。不要被條條框框束縛，否則你就生活在他人思考的結果裡。不要讓他人的觀點所發出的噪音淹沒你內心的聲音。最為重要的是，要有遵從你的內心和直覺的勇氣，它們可能已知道你其實想成為一個什麼樣的人。其他事物都是次要的。

03

這兩個文本，展示了對於死亡的覺知，如何讓兩個不同時代、不同民族的個人找到了自己想要的生活，成為一個自己想成為的人。這確實是一個特別有效而簡單的方法：想一想，如果我只能活一年，我會做什麼？如果我只能活一天，我會做什麼？這種面對死亡的思考，往往是我們徹底改變生活的第一步，也是我們踏上「成為自己」的第一步。

第十二杯

猶猶豫豫
毀了多少美好的人生

長公曾一仕，壯節忽失時。
杜門不復出，終身與世辭。
仲理歸大澤，高風始在茲。
一往便當已，何為複狐疑。
去去當奚道，世俗久相欺。
擺落悠悠談，請從餘所之。

—— 陶淵明《飲酒》（其十二）

張摯曾經做過官，做到壯年時候就越來越覺得不合時宜。

既然不合時宜就決意不再求什麼，從此一輩子不再做官。

楊倫歸隱大澤，顯得高風亮節。

一旦歸隱就一直歸隱，為什麼還要反反覆覆？

還有什麼好說的呢？對於世道還有什麼值得期待的呢？

快快脫離那些無謂的議論吧，跟著我去隱居吧。

01

隨便找個理由，
決定了就別回頭。
不愛你的人，
說什麼都沒用。

附近有一個女孩子在哼這首歌。這是愛情中常見的情況，知道對方不愛自己了，就隨便找個理由，決定分手了，分手了就再也不回頭。但事實上，很多人還是忍不住要回頭，就算心裡明白對方已經不愛自己了，但忍不住還是會有一點點的幻想，還是不斷回頭去找對方，總是幻想著：萬一對方又回心轉意了呢？萬一是真的回心轉意了呢？所以，還是不斷要去糾纏對方。

結果當然只有一種：讓自己陷入更深的痛苦。很多時候，面對真相，丟掉幻想，比什麼都重要。一點點的幻想常常毀滅了很多人的生活。對於愛情「天長地久」的幻想，讓很多原本美好的愛情成了糾纏不清的拉鋸戰。

02

上面這首歌講的是愛情，陶淵明的詩講的是工作。陶淵明舉了兩個例子，一個是張摯，漢代張釋之的兒子，做官做到大夫，因為什麼被免職了。他反思了一下，覺得並不是自己的錯，而是他自己的個性、價值觀實在和官場南轅北轍，就決定從此歸隱，後來不論誰請他出來做官，他都毫不猶豫地拒絕了。

另一個是楊倫，也是漢代的人，開始時候做了個官，馬上覺得官場上的事很煩人，就辭了職，自己開了學校收徒講課，過得挺自在的。不想官府不時來禮請他出山做官，他忍不住又做了三次官，三次都遭到了處分。

陶淵明用張摯來批評楊倫，意思是做了一次官，應該把官場的本質看得很清楚了，卻還反反覆覆地去做官，實在是浪費生命。

陶淵明批評的，其實也是他自己。他自己也反覆做了幾次官，尤其是在桓玄和劉裕手下做官的時候，正好是朝代更替的「大時代」，很難說陶淵明內心是不是有什麼期待的波瀾。陶淵明在桓玄、劉裕那裡做官的時間，都不算短，如果不是有所期待，很難解釋他能夠堅持那麼長時間。

這首詩也不妨看作陶淵明對自己的提醒：世道就這樣了，不要再抱什麼希望了，不要再想著去當官，以為世道會改變，或以為自己可以改變這個世道。省了這份心吧。人生那麼短暫，何必耗費在泥潭裡？不如繞道找一條偏僻的小路，獨自靜靜地走吧。

03

擺落悠悠談。悠悠談，什麼意思呢？就是我們今天在微信啊、論壇上接觸到的各種議論，還有我們所在單位裡的同事或親戚朋友圈裡的輿論場。每個時代，不論傳播技術怎麼變，個人都有如何面對主流輿論的問題。主流輿論會以無形的壓力，逼迫個人成為他們要求你成為的那種人。而在今天的自媒體時代，如果我們自己沒有判斷力，不知道自己真正想要什麼，就非常容易被各種氾濫的資訊帶走。所以，陶淵明說，不要理會別人的瞎扯了，還是走自己的路吧。

04

今天見到一個三年未見的朋友，聊起工作，他幾乎要流出眼淚地後悔。他說五、六年前他就已經預感到自己的部門沒有什麼前途，決定要找一份自己真正喜歡的事。

幾次下決心時，都被主管婉言相勸，他覺得主管重視他，也許還能做點什麼。不想今年單位已到垮掉邊緣，曾經勸留他的主管也進監獄了。唯一的教訓：一旦認清真相，就要拋掉幻想，走得越早越好。

我自己也曾經差一點困在這種猶猶豫豫裡。我在很年輕的時候，就明白了一個道理：人做什麼並不重要，重要的是，一定要在做的過程裡成為自己，成為那個最好的自己，而不是在做的過程裡越來越不像自己，甚至成為那個最糟糕的自己。

但是，我一直陷在一個叫作「部門」的小世界裡，不斷地有一點小小的希望，比如來了一個新主管，開始了一些新的舉措，於是，又懷著希望幹了幾年。結果，還是老樣子。然後，又是新的輪迴。很多人就在這樣不斷希望不斷幻滅的循環裡消耗完了自己的青春和一生。最終，還是沒有做自己想做的事。

我一直很清楚這不是自己想要的生活，但是，一直猶豫，猶豫著生計，是不是該等到「財務自由」那一天才離開？一直猶豫，覺得是不是只要心態好，在哪裡工作都不重要，在哪裡都是修行？

幸運的是，我終於明白，財務自由是一個虛妄的概念，僅僅心理上的超然往往是自欺欺人，甚至會變成一種虛偽。人應當過一種和自己的價值觀高度一致的生活。我們終究難逃一死，值得去試試自己內心渴望的那種生存狀態。接近五十歲的時候，義無反顧地從「部門」裡跳了出來，開始了我真正想要的那種生活。

05

陶淵明在他那樣一個艱難的時代，選擇餘地如此狹小，都沒有放棄選擇的自由，選擇了他想過的生活。在今天，很多人遇到種種心理問題，他們燒香拜佛，參加各種心理課程，想解決自己的心理問題。然而，他們唯一忘卻的，是他們有選擇生活的自由。如果他們有勇氣選擇自己想要的生活，他們的心理問題全部會消失。他們的心理問題其實來自精神分裂：所做的事，並不是自己喜歡的；職務要求他說的話，並不是他真實的想法。

而當我們專心於自己喜歡的某一件事，幾乎所有的心理問題都不再存在，甚至你覺得時間都不再存在。所以，很多人的心理問題，並不是童年記憶、父母關係之類，而是沒有勇氣改變現狀，但又不滿於現狀。在糾結和猶豫中，含含糊糊地活在失望與幻想的交錯裡。

第十三杯

除了享受生命
人生還有什麼意義

有客常同止，取捨邈異境。
一士長獨醉，一夫終年醒。
醒醉還相笑，發言各不領。
規規一何愚，兀傲差若穎。
寄言酣中客，日沒燭當秉。

—— 陶淵明《飲酒》（其十三）

有兩人常常居於一處，志趣心境卻完全不同。

一人整天獨自醉酒，一人終年保持清醒。

醉者、醒者經常相視一笑，卻並不領會對方說的是什麼。

醒者貌似聰穎，實際卻愚昧；醉者好像放浪，實際卻聰穎。

人生的暢飲者啊，天黑了，點亮蠟燭繼續痛飲吧。

不要誤讀這首詩。字面上看，陶淵明好像在說：喝酒喝醉的人比不喝酒的人更清醒；不喝酒的人很愚昧，喝酒喝醉的人很聰明。所以，我們盡情喝酒吧。這只是字面上的意思。如果我們瞭解陶淵明的生平，並細讀陶淵明其他的詩文，就會發現，陶淵明講的喝酒，講的醉，固然是現實的酒醉，但又不完全是現實的酒醉，而是一種生活態度。

在陶淵明的詩文裡，以及他一生的生活實踐裡，都把酒醉昇華為一種人生的境界。什麼境界呢？就是把自己交給宇宙，交給大自然，不要瞎操心，不要委曲求全，要盡情地享受生命的喜悅，要自由地享受生活的情趣。

當陶淵明說「醒者」很愚昧的時候，他說的是那些活在某個世俗規範裡的人，不能舒展自己的生命，活得彆彆扭扭。看起來好像很聰明、很世故，獲得了不少世俗的利益；但是，為了那一點點蠅頭小利，失去尊嚴，失去了自由，失去了人情的美好，失去了自然的美，這樣活著又有什麼意思呢？

第十四杯

喝喝酒吹吹牛 活著真好

故人賞我趣，挈壺相與至。
班荊坐松下，數斟已復醉。
父老雜亂言，觴酌失行次。
不覺知有我，安知物為貴？
悠悠迷所留，酒中有深味。

—— 陶淵明《飲酒》(其十四)

老朋友們瞭解我的所好，提著酒壺來了。
在松樹下鋪上木柴坐下，喝了幾杯大家就醉了。
開始胡亂說話，沒有了規矩率性而飲。
喝得忘了世上有我，忘了身外之物。
恍恍惚惚不知身在何處，酒醉裡有意味深長。

01

陶淵明大多數時間是一個人喝酒，但他並非孤僻之人，他也很喜歡和志趣相投的朋友一起喝。這首詩抒寫的，就是朋友們一起喝酒的樂趣。陶淵明另有《移居》兩首，可以說是這首飲酒詩的翻版。把這首飲酒詩和《移居》一起讀，大約能夠看出陶淵明心目中理想生活的樣子。

《移居》（其一）

一直想住到南村去，不是因為那裡的宅子風水好，而是因為那裡有許多素樸的人，希望和他們度過日日夜夜。

懷有這個願望已經很多年了，今天終於成了現實。

住房不一定要寬廣，有凳子坐、有床睡就可以了；

鄰居常常來串門，聊起過去總有說不完的話。

寫了或讀到什麼有趣的文章大家一起欣賞，不明白的地方相互啟發。

《移居》（其二）

春天秋天有很多晴朗的日子，大家一起去登高吟詩。
家門口有人經過，招呼了一起坐下來喝酒喝個痛快。
農忙時候各自去幹活，閒暇的時候就想起彼此。
這種活法非常美妙，不要輕易捨棄。
人生還是要努力經營衣食，努力耕耘就會有收穫。

02

陶淵明說他一直想去南村，為什麼想去呢？不是因為那裡的房子好，而是那裡有很多和自己一樣的素心人。確實，人活在世上，不是來尋找敵人，而是來尋找同伴。找到同伴，一起完成世間的旅程。找不到同伴，就獨自走路。所以，孔子說：道不同，不相為謀。價值觀不一樣，生活趣味不一樣，沒有必要委屈自己一定要和他們在一起，更沒有必要和他們鬥爭。合不來，彼此遠遠離開就好了。

這首詩首先強調的是，要和自己喜歡的人在一起，做喜歡的事。這個觀念今天已經成為一個流行觀念，大多數人辭職的理由是為了做自己喜歡的事；大多數人創業的理由也是為了做自己喜歡的事。確實，人活在世上，最終都是一死，做自己喜歡做的，應該是人生最基本的道理。

03

陶淵明和這一群志趣相投的人在一起做什麼呢？吹吹牛，喝喝酒，讀讀書，寫寫詩，走走路。

就是這麼簡單。有意思的事情，不一定要去南極北極，不一定要去月球火星，也不一定要成就多大的事業。有意思的事，不過是在每一個當下，都能夠讓自己的生命獲得自由和愉悅。絕大多數人，都不可能成為偉大的人物，也不可能成為巨富，但每一個人，都一定可以成為熱愛生命的人。因為每一個人都可以走走路，喝喝酒，讀讀書，寫寫詩。

04

如果陶淵明每天和那些素心人一起喝喝酒、寫寫詩、讀讀書、走走路，那麼，對於他來說，大概就是神仙的日子了。可惜，世界上沒有神仙，即使多寶如來，見到釋迦牟尼佛，問的也是：「世尊，您近來身體好嗎？沒有什麼煩惱吧？」

所以，陶淵明在「做自己喜歡做的事」後面，加了一層意思：但你得養活自己，養活家人。人生還是要努力經營衣食，要努力耕耘。他的意思大概是，和有意思的人在一起，做點有意思的事，如果這個有意思的事，不能養家糊口，那麼，還是要去做農活。人生最根本的還是要解決衣食的問題，這個問題解決不了，和再有意思的人在一起，還是做不了有意思的事。

所以，陶淵明在《移居》裡表現的理想生活，其實是這樣的：工作的時候好好工作，獲得報酬養活自己和家人；但工作之餘，一定要和意氣相投的人一起，做點自己喜歡的事情，比如讀讀書、寫寫詩、喝喝酒、走走路。

第十五杯

你要聽從你的內心
而且要不受貧窮的困擾

貧居乏人工，灌木荒餘宅。
班班有翔鳥，寂寂無行跡。
宇宙一何悠，人生少至百。
歲月相催逼，鬢邊早已白。
若不委窮達，素抱深可惜。

—— 陶淵明《飲酒》(其十五)

因為貧窮請不起雇工，我的房子長滿了灌木一片荒蕪。

天上鳥兒飛過班班可見，地下人跡罕見寂寂獨居。

宇宙多麼悠遠，人生多麼短暫。

歲月催著人變老，兩鬢早已白髮蒼蒼。

人的命運怎麼能夠強求？違背內心而活著才是悲哀的事兒。

其實，陶淵明對於自己的貧窮還是心有不甘的。只是他對於貧窮的態度，不是簡單的情緒化的抱怨，不像今天社會上所謂的「仇富」情緒，把自己的貧窮一股腦兒地歸結於社會不公，歸結於富人的不仁，於是，充滿攻擊、惡罵，看不慣一切。

陶淵明只是從文人的角度，從道德的角度，把貧窮歸因於自己的個性和底線。為了讓自己坦然接受貧窮的現實，陶淵明把貧窮當作美德來讚美，而且，還發展了一套以貧窮為樂的哲學。這首詩最後一句：人的命運怎麼能夠強求？違背內心而活著才是悲哀的事兒。第一，他認為自己的貧窮是命運，無可奈何，只能坦然接受；第二，他潛在的邏輯是：因為我不違背自己的內心，所以，註定我要貧窮。

聽從自己的內心，就只能隱居山林，就只能過清貧的生活。要想富裕，一定會違背自己的良知，一定會傷害自己的道德。這個邏輯，成為中國士大夫的一種集體意識，讓他們心安理得地承受了一千多年的貧困，以及道德糾結。

但在今天，這個邏輯至少在現實層面，已經不成立了。為什麼呢？今天我們聽從自己的內心生活，絕對不會只有歸隱田園這樣一種選擇。我們有很多的選擇。作為一個中國人，大的方面，我們可以選擇移民還是留在國內，我們可以選擇留在體制內還是離開體制，我們可以選擇找一份工作打工還是自己創業。至於小的方面，幾乎有無數的選擇。對於大多數人來說，如果願意，都能夠選擇一種不違背自己內心的生活。

而且，這種選擇並不會註定貧困，而是相反，當人在一種不違背自己內心的生活狀態下，潛能會得到空前發揮，恰恰能夠最大可能地創造財富。所以，我們要學習陶淵明堅持做自己的那種堅韌，但是，要摒棄他那種把貧窮當作美德的思維定式；我們要學習他那種在貧困中依然熱愛生活的風情，但是，不可以學習他那種安於貧困的鴉片心理。

陶淵明如果活在今天，也一定會在做自己的過程中，尋求合理的財富。他一定會明白，做自己喜歡的事，和貧窮沒有必然的關係。貧窮不是美德，當然，奢華也不是美德，都不是我們應該主動追求的東西。人應該追求一個更好的自己，這個更好的自己，不只是精神層面的，當然，更不是物質層面的，而是精神和物質的一種平衡。

第十六杯

一個不合時宜的人
如何才能好好活著

少年罕人事，遊好在六經。
行行向不惑，淹留遂無成。
竟抱固窮節，饑寒飽所更。
敝廬交悲風，荒草沒前庭。
披褐守長夜，晨雞不肯鳴。
孟公不在茲，終以翳吾情。

—— 陶淵明《飲酒》（其十六）

從小啊我就不喜歡世俗的人事交際，
只喜歡一個人靜靜地讀那些流傳了千百年的經典。
不知不覺到了四十歲，還活在自己封閉的世界裡一事無成。
最終在貧窮裡保持節操，飽嘗了世間的饑餓與寒冷。
寒風穿過我破敗的屋子像是在悲鳴，荒草淹沒了門前的院子。
披著衣服守著漫漫長夜，第二天遲遲不肯來臨。
這個世間沒有我的知音，我的衷情向誰傾訴呢？

01

陶淵明說，他小時候不喜歡熱鬧，只喜歡自己安靜讀書。讀什麼書呢？六經，六種儒家的經典——《詩》、《書》、《禮》、《易》、《樂》、《春秋》，經過孔子整理後成為中國古代的經典，也是中國古代教育的基本框架。

《詩》就是《詩經》，收集了從西周初年到春秋中葉五百年的詩歌三百零五篇，有風、雅、頌三種類型，風來自民間，雅、頌來自王室宮廷。《詩經》中有一部分詩其實是歌詞，是用來演唱的。

《書》就是《尚書》，周王室收錄的祭祀類和戰爭類的政治檔，一種是由下而上的奏議，一種是由上而下的詔令。

《易》就是《周易》，《史記》裡記載了一個傳說：周文王拘而演《周易》。說是當年殷紂王殘暴無道，把當時還是諸侯的姬昌（就是後來的周文王）囚禁在監獄裡，還把姬昌的兒子伯邑考殺了做成肉餅，當作食物給周文王吃。文王在監獄裡，受盡如此折磨，卻專心於八卦的推演，成就了一部不朽的經典。當然，這不過是傳說，更多的學者認為，《周易》是經過幾代人的智慧積累而成。易，有三個意思：一是變化，無窮的變化；二是簡易，要找出複雜事物的規律，以簡單的模式化約，以簡單詮釋複雜；三是不變，要找到恆在的不變的元素。

《樂》就是周王室的音樂作品，很早就失傳了。有人說，《樂》其實和《詩經》是一體的。

《禮》就是《周禮》，記錄的是周王室的典章制度，就是從君主到臣子各自必須遵循的一套嚴密的禮儀制度。

《春秋》就是一部編年體的史書，記載的是魯隱西元年（西元前七二二年）到魯哀公十四年（西元前四八一年）的歷史。傳說是孔子編撰的，並說孔子寫了《春秋》，亂臣賊子都害怕了。因為這不是一本簡單的編年史，而是按照一套價值觀念評定歷史人物的史書。

這六部經典基本上是周王朝的文獻。儒家認為一個士大夫，一定要經過這六種課程的訓練，才能成為一個完善的人。《禮記》裡記載孔子說過這樣一段話：「入其國，其教可知也。其為人也，溫柔敦厚，《詩》教也；疏通知遠，《書》教也；廣博易良，《樂》教也；潔靜精微，《易》教也。恭儉莊敬，《禮》教也；屬辭比事，《春秋》教也。故《詩》之失，愚；《書》之失，誣；《樂》之失，奢；《易》之失，賊；《禮》之失，煩；《春秋》之失，亂。其為人也，溫柔敦厚而不愚，則深於《詩》者也；疏通知遠而不誣，則深於《書》者也；廣博易良而不奢，則深於《樂》者也；潔靜精微而不賊，則深於《易》者也；恭儉莊敬而不煩，則深於《禮》者也；

屬辭比事而不亂，則深於《春秋》者也。」

大意是學習《詩經》，可以讓人溫柔敦厚，有審美能力；學習《尚書》，可以讓人懂得調解各種不同的意見；學習《樂》，可以讓人平和而且誠信；學習《周易》，可以讓人從細微的事物裡發現究竟的規律；學習《周禮》，可以讓人恭敬樸素；學習《春秋》，可以讓人懂得如何記錄事實。所以，《詩經》學習得不好，就會愚昧；《尚書》學習得不好，就會無中生有，沒有章法；《樂》學習得不好，就會奢靡；《周易》學習得不好，就會造成傷害；《周禮》學習得不好，就會繁瑣；《春秋》學習得不好，就會混亂無序。

02

陶淵明說自己從小「遊好在六經」，說明他的愛好，不是閒書，而是正兒八經的經書，說明他從小對於自己的人格陶冶是有著一番遠大志向的。但是，由於「罕人事」，還有自己的人格理想，卻使得自己成為一個「不合時宜」的人，一直在主流社會裡找不到自己的位置，年老了，還窮得幾乎溫飽都解決不了。

這當然不是讀六經的錯，不能推導出讀書誤了陶淵明，造成他貧苦的生活。恰恰相反，正是因為六經的薰陶，陶淵明成就了一套自己的生活哲學以及生活能力，即使在因為性格不合時宜、不願意當官的情況下，還是能夠生活下去，而且一定比當時的普通老百姓活得更好，在遇到各種挫折的時候，還能夠堅定地做自己。

不要被陶淵明自己在詩裡寫的「窮」迷惑了。如果跳出他的詩歌，回到當時的歷史環境下，陶淵明家裡有田有地，並不是純粹的農民。更主要的，他的學識和才能，一直引起官方的關注，直到晚年，劉裕的宋政權，還是把他作為社會賢達，邀請他為朝廷效力。只是陶淵明自己選擇了在鄉下種地。他的名望，也讓他經常受到官員的尊重，不時有人饋贈他金錢，只是他自己經常拒絕罷了。

在一個亂世，能夠按照自己的意願選擇自己的生活，學習的力量，經典薰陶的力量，不可忽視。正是這種從小學習累積起來的資源（智慧和技能），使得陶淵明有選擇的資本。

顏之推歷經南北朝後期三個朝代更替的混亂、殘酷，幾次從一個貴族官僚淪為一無所有的難民。他之所以能度過艱難時光，最後在隋朝平安終老，他的結論是讀書幫助了他，尤其是讀六經這樣的經典幫助了他。

顏之推總結了亂世裡的生活經驗，給子孫留下一本《顏氏家訓》，其中特別強調讀書，他說：「從戰亂以來，所見被俘虜的，即使世代寒士，懂得讀《論語》、《孝經》

的，還能給人家當老師；雖是歷代做大官，不懂得書牘的，沒有不去耕田養馬的。從這點來看，怎能不自勉呢？如能經常保有幾百卷的書，過上千年也不會成為小人。」

當然，顏之推講的讀書，不只是指讀經典，他認為讀實用的技能性的書也很重要。總之，他的看法是，一個人如果透過經典擁有了自己的思想，又能掌握一定的生活技能，那麼，不論多麼混亂的局面，都可以生活下去。

03

可以回答題目所問了。一個不合時宜的人如何才能好好活著？如果有知識上和技能上的實力，就可以好好活著。也就是說，如果你沒有實力，就沒有資格做一個不合時宜的人。沒有實力，又要不合時宜，除了被人嫌棄之外，好像沒有別的可能。所以，你要有個性，要酷，要與眾不同，要不合時宜，首先要問問自己有沒有這個實力。

陶淵明具有這個實力。他不做官，在鄉下耕田，但照樣是名人，很多官員還求著要見他。見不見，看他心情。他唯一的遺憾，就是貧窮，與官員相比，確實太窮了。但這種貧窮，也是他自己的選擇。他的選擇讓他覺得心安，又讓他覺得孤獨，成為不合時宜的人。詩的最後一句：這個世間沒有我的知音，我的衷情向誰傾訴呢？

陶淵明反覆訴說著自己很孤獨，很貧窮，很寂寞，其實，他已經在傾訴了，他用文字向他想像中的讀者和知音傾訴。陶淵明喝酒喝多了，都會隨手寫下幾十首詩，抒發自己的情緒。

為什麼陶淵明那麼貧窮，那麼孤獨，但一生卻過得很愜意又長壽？去世時也已經六十多了（一說是七十多），在古代算得上是長壽。原因之一，是他懂得用詩和酒釋放自己的情緒。人是需要把內心的渴望和悲哀，以各種適當的形式表達出來的。表達本身，就是對於所表達的一種超越。要學會表達。並且在表達的過程中，陶淵明建立了自己的生活美學。

所以，一個不合時宜的人，要想好好活著，還要懂得釋放自己的情緒。不合時宜，還要壓抑自己的悲傷或苦惱，會讓人變得抑鬱，甚至變態地孤僻。陶淵明在文字的書寫裡，拯救了自己。

歸納起來，一個不合時宜的人要想好好活著，必須擁有兩種條件。第一，自己要有實力，有知識上和技能上的優勢，有別人無法複製的優勢。就像陶淵明，就因為他是陶淵明，所以，王弘這樣的大官，對他的散漫無禮不僅包容，還很欣賞。第二，要有自我釋放的能力，也就是我們今天說的要有強大的心理承受力。

沒有這兩條，你還是老老實實做一個合群的人，一個普普通通的人。如果沒有同時具備這兩條，但你執意要與眾不同，一定要不合時宜，那麼，你只能是一個怪人，一個精神病，而且一定活得鬱鬱寡歡。這裡有一個邏輯關係非常重要：一個有創造力有實力的人一定不合時宜，但不合時宜的人，不一定就有創造力有實力。

就像偉大的藝術家都有不同程度的精神病，但精神病不一定就是藝術家。如果是偉大的藝術家，他的精神病往往成為美談，但一個單純的精神病，除了去醫院治療，沒有別的辦法。一個有實力的人不合時宜，他的不合時宜，就像是顯現他個性風格的外衣；但一個沒有實力的人不合時宜，他的不合時宜，只是一種令人討厭的怪脾氣，除了改掉這種脾氣，沒有別的辦法讓他活得更好。

最後，重複一次，不要被陶淵明的文字迷惑了。當陶淵明反覆抒發著自己的寂寞，以及貧窮，不要以為他真的像我們生活裡見到的那些可憐的窮人，不要真的以為當你窮困的時候，你能成為陶淵明。當陶淵明在抒寫自己的貧窮和寂寞時，他要顯示的恰恰是他的強大。

第十七杯

我還是在風吹不到的地方
獨自盛開吧

幽蘭生前庭，含薰待清風。
清風脫然至，見別蕭艾中。
行行失故路，任道或能通。
覺悟當念還，鳥盡廢良弓。

—— 陶淵明《飲酒》(其十七)

幽雅的蘭花開放在庭院，
隱隱的花香彷彿在等待著清風徐來。

如果清風真的吹來，
就能顯現出蘭花是多麼不同於那些雜草。

人生路上我們走著走著就會迷失，
其他的路當然也能通達。

但覺悟了還是要回到自己的內心，
鳥打盡了，良弓就被扔掉了。

01

前面四句講蘭花。蘭花自有幽香，但沒有清風的時候，人們並不覺得蘭花和那些雜草野花有什麼區別。「脫然」是一種假定，就是說，蘭花再香，沒有清風，就不能顯現於外，所以，好像對於清風有所期待。

但後面四句突然寫走路，當然不是平常的走路，而是我們的人生道路，意思是在追求理想、事業的道路上，我們常常會走著走著就走丟了。然後，像是告誡自己，也像是告誡別人：人生路，還是不要偏航，不要被別人牽著自己的鼻子，而是要做自己的主人，千萬不要忘了「鳥盡廢良弓」的殘酷規律。

鳥盡廢良弓，出自范蠡的一個故事。范蠡和文種協助越王勾踐打敗吳國之後，范蠡就悄悄地帶著家人離開越國，隱姓埋名在齊國做起生意，成為一代巨賈。文種留在越國，繼續做官。范蠡寫了一封信給文種，信裡說：「兔子死了，獵狗就會被人烹食。鳥兒打盡了，弓箭就會藏起來。勾踐脖子很長，嘴像鷹嘴，這種人只可共患難，不能共用樂，你還是儘快離開他吧。」

文種看完信後，就稱病不再入朝，但已經晚了。越王去探望他的時候，給了他一把劍，對他說：「你教給我七種消滅別國的方法，我只用了三種就把吳國滅掉了，還剩下四種方法，你拿到吳王夫差那裡去試一下吧。」文種只好自殺。

范蠡說的「狡兔死，走狗烹」，出自《韓非子．內儲說下》：「狡兔盡則良犬烹，敵國滅則謀臣亡。」韓非子的這句話寫於春秋戰國時候，但一直到清朝，中國歷代王朝的開國功臣都像中了魔咒一樣，無法擺脫「敵國滅則謀臣亡」的命運。比如，劉邦在建立漢朝的過程裡，有七個重要的功臣，包括韓信、張良、蕭何在內，在漢朝建立後的三五年中，除了張良以外，其他人全部被劉邦剷除。韓信在臨刑之前發出了「狡兔死，良狗烹；高鳥盡，良弓藏；敵國破，謀臣亡」的悲嘆。

現代有學者從經濟學角度探討中國的皇帝為什麼要殺開國功臣。其實，不需要經濟學，即便從人之常情，也能夠理解皇帝為什麼總要殺功臣。皇帝都不是靠學歷，也不是靠選票當上的，而是靠造反，靠打仗，靠謀略，歷盡千難萬險殺出來的。所以，每一個當上皇帝的，最害怕的還是又有人造反。於是，凡是有能力的人都有可能造反，寧願錯殺一千，也不可漏掉一個。另外，一起打江山的人，開始的時候往往像兄弟一樣隨和，皇帝沒有當上皇帝之前，也是普通人，當上皇帝後，就不太願意讓那些知道他普通人一面的人還活著。

朱學勤談到了另一種殺功臣的現象：「二十五史揭示了一條規律：危機往往是開國君主去世前殺死或者驅散功臣。其原因無非有二：一是這些功臣跟帝王的年齡相仿，資歷相仿，而他們輔佐的太子年齡稚嫩。如果不將功臣打倒，這些太子就不能站起來；二是打江山的功臣有可能與帝王自己的治國理念相左，必須把開國元勳的治國理念壓下去，才能保證自己的路線得到貫徹。」

02

前四句和後四句，連起來讀，可以確定這首詩所感嘆的，應該與陶淵明在劉裕手下做參軍的經歷有關。劉裕後來當上宋朝的開國皇帝，也就是說，如果陶淵明一直在劉裕幕府裡，他基本上也會成為開國大臣裡的一員，但是，陶淵明主動放棄了這樣一個歷史機會。為什麼？從這首詩裡，能讀出一點端倪。

陶淵明的徹底隱退，在於他把官場的本質看透了。秦始皇以來，皇帝往往是草根，甚至是流氓，但幫助他打天下的又往往是貴族，或者讀書人。比如劉邦、張良。為什麼貴族或讀書人總當不了皇帝？好像還沒有人研究過。陶淵明關心的，不是這個問題，而是讀書人幫助了皇帝，最後卻要被殺，即使不被殺，也只是被利用的工具，沒有什麼尊嚴。

所以，蘭花雖然需要清風才能顯現她的價值，但清風只是把蘭花看作工具。所以，陶淵明的潛臺詞是：算了吧，我還是在風吹不到的地方獨自盛開，總好過被烹了吃掉。即使不被「吃掉」，也會失去自己，淪為走狗或工具。

03

陶淵明另有一篇《感士不遇賦》，和這一首合在一起讀，可以說寫盡了在皇帝專權的體制裡，有才華有德行的人的無限悲涼。以陶淵明的觀察，在皇帝治下，有才華有德行的人，如果想成就一番事業，好像只有兩種結果，要麼淪為工具，甚至淪為走狗被烹了吃，要麼就是懷才不遇。

在《感士不遇賦》裡，寫了英才們懷才不遇的悲涼。不是沒有才華，不是沒有品德，而是沒有門路。「何曠世之無才，罕無路之不澀。」哪裡是天下沒有英才呢？而是所有的道路都已經堵塞，有才華的人完全沒有途徑可以施展自己的才華。

為什麼會這樣呢？陶淵明的解釋是：「自真風告逝，大偽斯興，閭閻懈廉退之節，市朝驅易進之心。懷正志道之士，或潛玉於當年；潔己清操之人，或沒世以徒勤。」上古時代淳樸自然的風氣消失了，虛偽充斥了社會；鄉裡間人們不再鼓勵退讓、廉潔的節操，大家都挖空心思投機鑽營，只為了往上爬。那些胸懷理想、正直的才華之士，一生隱居；那些潔身自好、清廉的人，終身徒勞。

然後，陶淵明列出了一大堆名單，從伯夷、叔齊、顏回、屈原到張釋之、馮唐、李廣、賈誼、董仲舒、王商等，感嘆這些人空懷才華，鬱鬱不得志。陶淵明的看法是，上古之後，德才兼備的人懷才不遇，是一種常態。在秦始皇大一統之後情況更加嚴重。韓愈曾經感嘆，如果在秦以前，個人還有國與國的選擇，在這個國家得不到重視，就去別的國家，但在秦始皇大一統以後，中國人只有一個選擇，只有在一個國家內選擇。如果不得志，真的就是走投無路。既然在朝廷內走投無路，那麼，就只有一條路，回到田園。

所以，陶淵明喝酒的時候，反覆表達了一個意思，就是對這個皇帝專權的體制，不要再抱有任何幻想，沒有必要冒著掉腦袋的危險，冒著犧牲自己尊嚴和自由的危險，陪著皇帝去瞎折騰，還不如回到田園，喝喝酒，種種地，採採菊花，看看月亮，聽聽河水……

第十八杯

不論多麼寂寞
都不會丟失自己的本心

子雲性嗜酒，家貧無由得。
時賴好事人，載醪祛所惑。
觴來為之盡，是諮無不塞。
有時不肯言，豈不在伐國？
仁者用其心，何嘗失顯默？

—— 陶淵明《飲酒》（其十八）

揚雄天性愛喝酒，只是窮得經常喝不起。
還好有一些愛思考的人，拿著酒去他那裡請教、解惑。
有酒送來揚雄就盡情喝，問什麼揚雄都盡力答。
有時候不肯說什麼，是因為別人問了討伐別國的事。

仁者不會因為他的處境變了就變了，
不論顯默都不會失去他的仁心。

子雲就是漢朝王莽時候的揚雄，揚雄和陶淵明的共同點，只有一件事，就是愛喝酒。沒有錢買酒，卻有人敬仰他的學問，提著酒壺去聽他為自己解惑。「有時不肯言，豈不在伐國？」說的是柳下惠的事情。柳下惠的事，一般人知道的，是坐懷不亂。說是下雨天避雨，一個女子因為淋了雨，很冷，便坐在柳下惠的懷裡，柳下惠沒有任何反應。後來人們稱讚這類對於美色不起反應的男子為正人君子。

史書上記載，柳下惠是春秋時候魯國的一個掌管司法的小官，但因為為人正直，總是被黜免。那個年代，知識分子如果在魯國施展不了才華，很容易就去別的國家。但柳下惠不願意離開魯國，他的理由是：自己在魯國之所以屢被黜免，是因為堅持了做人的原則。如果一直堅持下去，到了哪裡也難免遭遇被黜免的結果；如果放棄做人的原則，在魯國也可以得到高官厚祿。那又何必離開生他養他的故鄉呢？

陶淵明這句詩出自《漢書》裡的《董仲舒傳》，說是魯國國君有一次問柳下惠：「我想討伐齊國，你覺得怎麼樣？」柳下惠回答：「不可。」回到家裡，他顯得有點憂慮，家人問他出了什麼事，他說：「我聽說討伐別國的事，不會問仁人，為什麼今天國君居然問我這個事？」

陶淵明把柳下惠的事，也安在了揚雄頭上。當然，這個意思和揚雄本身的思想，並沒有什麼出入。揚雄在《解嘲》裡說：「是故知玄知默，守道之極；愛清愛靜，遊神之廷；惟寂惟寞，守德之宅。」大意是，清靜無為是最高的守道，淡泊無為就能神遊物外，甘於寂寞的人才能保持高尚的道德。

這首詩的本意，是陶淵明用了揚雄和柳下惠的事，來勉勵自己在寂寞中的堅持。人的一生，很容易被外在的東西帶走。陶淵明一生，都在貧困中學習著如何堅守自己，如何讓自己不被外界帶走，而是讓世界跟著自己走。這不是一件容易的事，我們大部分人，都在成長的過程裡，以適應社會為藉口，漸漸地失去了自己，只成為一個社會性的標籤。

有一個故事，也許不是很貼切，是一種自然現象，卻對於我們如何處理自己和現實的關係，如何處理適應性問題，有一定的啟發。有一粒沙子落到了蚌的體內，蚌很不舒服，但用盡力氣仍無法把沙子吐出。它唯一的解決辦法，是同化這粒沙子，讓它成為自己的一部分。當我們面對無法改變的因素，我們只能自己去改變它們，而不是讓自己去遷就它們。引申開來，我們只有成為自己想成為的那個人，才能形成一個自己理想的現實。這是一個非常奇妙的平衡，不是語言可以表達清楚的。

第十九杯

在自己的園地裡
一杯濁酒就讓我享盡生活的美好

疇昔苦長饑，投耒去學仕。
將養不得節，凍餒固纏己。
是時向立年，志意多所恥。
遂盡介然分，拂衣歸田裡。
冉冉星氣流，亭亭復一紀。
世路廓悠悠，楊朱所以止。
雖無揮金事，濁酒聊可恃。

—— 陶淵明《飲酒》（其十九）

從前啊為了生活，扔掉農具去當官。

日子啊並不容易，常常要忍受饑寒。

轉眼啊到了而立之年，越來越覺得這樣活著很彆扭。

不如聽從自己的內心，徹底啊回到田園裡。

日月星辰流轉，又過了十二年。

世上的道路很廣闊又有很多歧路，楊朱無所適從只好原地不走。

不需要豪奢的享樂，一壺濁酒啊就讓我陶醉。

01

這首詩，還是在強調自己不願意當官的決心。對於自己當年斷斷續續地幾次做官，有後悔的意思。確實，人生太短了，把生命浪費在自己不喜歡的人和事上，太不值得了。

遂盡介然分。介然，是堅定的意思；分，是原則的意思。這句詩表達自己對於遠離官場是很決絕的。

志意多所恥。說明當官這件事，和自己內心有多麼深的衝突。所以一定不能再猶豫，再受誘惑了。人生在世，奢華也罷，貧困也罷，關鍵是要自己開心。如果做的事是自己喜歡的，哪怕一杯濁酒，也讓人覺得心曠神怡。

陶淵明辭掉彭澤令的時候，寫了一篇《歸去來兮辭》，這篇辭和這二十首飲酒詩，聯繫起來細讀，就會更深地瞭解陶淵明為什麼對於官場那麼抗拒。

《歸去來兮辭》有一段小序，序裡陶淵明回答了兩個問題，第一個是他為什麼要去做官，第二個是他為什麼要辭官（辭職）。為什麼去做官？陶淵明說，是因為貧窮。因為有很多孩子，耕田啊種菜啊，都養不活他們。正好機緣巧合，就去做了彭澤縣的縣令。

為什麼做了八十一天縣令就辭職不幹了？陶淵明說：「質性自然，非矯厲所得。

饑凍雖切，違己交病。」大意是自己的天性喜歡自然而然，怎麼磨煉都沒有辦法適應官場的活法。雖然覺得吃不飽、穿不暖是個迫切的問題，但是，違背自己的本性求生存，只會讓自己受辱，變得病態。因此，做縣令八十天，就決定離開了。

陶淵明又進一步解釋：「嘗從人事，皆口腹自役。」說的是以前也出來做過幾次小官，都是為瞭解決生計。陶淵明從二十多歲到五十歲左右，做過江州祭酒，加入過桓玄幕府，當過劉裕的參軍，做過彭澤令，等等，但每次做不了多久，就辭職回家。彭澤令是最後一次，這篇《歸去來兮辭》也是一篇真正的辭職信，一封表明自己再也不會回到體制內的告別信。後來朝廷也幾次徵召他擔任什麼職務，陶淵明都堅決地辭謝了。

02

《歸去來兮辭》的正文，回答了辭職後去哪裡。陶淵明猶豫了十幾年，終於找到了一種解決的方法。做官違背自己的本性，不做官又有現實的經濟問題，現在，陶淵明終於可以對大家說：我已經找到一種生活方式，可以解決這個矛盾了。

怎麼解決呢？答案全在一個「歸」字裡。《歸去來兮辭》的重點是「歸」，是回歸。回到哪兒呢？回到家裡。再不回去田園將要荒蕪了，為什麼還不回去呢？有一句詩在陶淵明的詩歌裡出現過很多次：鳥倦飛而知還。鳥兒在外面飛得疲倦了，都知道要回去。

回到哪裡呢？回到家裡。陶淵明寫辭官後回家的感覺，很像今天很多人從體制內辭職出來後的感嘆：自由的感覺真好。一路上是輕快的小舟，是飄蕩的風兒吹起了衣角，是輕快的心，歡天喜地，回到了家。那些用人啊，孩子啊，早就在門口等候了。回到了家，有親人，有酒，自飲自酌，醉眼蒙矓中依稀看見庭院裡的高樹。靠在南邊的視窗，覺得神暢氣傲，環視狹小的居室，雖然環堵蕭然，卻住得讓人心安。不用再理會世俗的應酬，不用再理會這個世界怎麼看我，不用再去追求這個社會要求我追求的。親人之間淡淡的話語比什麼都讓人喜悅，彈彈琴讀讀書，也就沒有什麼憂慮了。

看看白雲，做做農活。看著樹木欣欣向榮，聽著泉水涓涓流動。自然界的一切，都在季節裡自然流轉。人的生命是多麼短暫，為什麼要那麼慌慌張張地急著求這求那呢？為什麼不順應自己的本心坦然面對生死？

回到家裡，不是回到家裡享福。陶淵明不是富二代，不是官二代，沒有什麼家產，不可能回到家裡真的當隱士，整天吟風弄月，寫詩喝酒。陶淵明回到家裡做什麼呢？種田。也就是去過一種實實在在的農民生活。

陶淵明的身分，是「士大夫」的「士」，雖然是「寒門」，但也不至於去自己種田謀生。在陶淵明那個年代，士的唯一出路是「仕」，就是做官，只有做官，才能生存，才有可能富貴。

不做官，又要養活自己，怎麼辦呢？陶淵明選擇了做農民。比如今天在大城市大公司的高級管理人員，突然累了，不想再在競爭的社會裡奮鬥，但又要養活自己，怎麼辦呢？回到一個生活指數很低的小城鎮，開個小店什麼的。

這是一種典型的自我放逐，典型的逆行。人往高處走，但陶淵明是往低處走。可以想見當時他一定受到很多壓力。他在《祭從弟敬遠文》裡說：「斂策歸來，爾知我意。常願攜手，置彼眾意。」大意是說：當年我辭官回家種田，只有你理解我，和我站在一起，力排眾議。

03

很多人辭職，是因為待遇不高，或者因為人際環境惡劣。他們辭掉這個職務，是為了那個更高的職務；他們辭掉這個公司，是為了到那個公司獲得更好的發展。這種辭職，人們往往把它叫作「跳槽」。跳槽式的辭職，往往是從一個牢籠跳到另一個牢籠，不過是另一個牢籠有更好的籠子和更好的飯菜。

陶淵明的辭官，不是因為自己的官當得太小，也不是上級對他不夠尊重，不是為了獲得一個更高的職位，也不是為了去一個更好的衙門；而是官場這種體制，給予他的是和他內心相違背的生活方式。對於陶淵明而言，尊嚴不是面子，不是官的大小，而是能不能做一個自己想做的人，能不能做一個按照自己的方式生活的人。如果違背了這個原則，就是損害了自己的尊嚴；如果順應了這個原則，就是隨順了自己的內心並保有了自己的尊嚴。

陶淵明的辭職，不是利益的計較，而是生活方式的考量：是堅持自己的生活方式，還是隨波逐流，沿著社會設定的軌道滑行？陶淵明辭掉的，不是一個什麼職務，而是一種生活方式，而且是那個時候社會認可的、幾乎是讀書人唯一的生活方式。

第二十杯

理想的社會在哪裡

羲農去我久，舉世少復真。
汲汲魯中叟，彌縫使其淳。
鳳鳥雖不至，禮樂暫得新。
洙泗輟微響，漂流逮狂秦。
詩書復何罪？一朝成灰塵。
區區諸老翁，為事誠殷勤。
如何絕世下，六籍無一親。
終日馳車走，不見所問津。
若復不快飲，空負頭上巾。
但恨多謬誤，君當恕醉人。

—— 陶淵明《飲酒》(其二十)

伏羲神農離開這個世間已經很久很久了，順著自然之道而活的人已經很少很少了。

魯國的孔子為世風日下而焦慮，想要恢復那淳厚的人心。

孔子生不逢時，卻也盡了他的努力讓禮樂有所復興。

孔子之後文化的傳承越來越微弱，最終狂暴的秦人統一了天下。

詩書有什麼罪過呢？卻焚毀在秦皇的一把火裡。

漢代有幾個勤懇的老人努力傳授著儒家的經典。但世風如同江河日下，再也沒有人願意親近六經。

人們整天奔波追逐名利，卻從不去追尋真理。世界令我失望，我在酒醉裡找到樂趣。

也許是我頑固不化跟不上時代了，就當我是喝醉了胡言亂語吧。

01

陶淵明這首詩寫的，就是魯迅小說裡一個人物九斤老太太的口頭禪：一代不如一代。魯迅用這個人物，思考了很宏大的問題：為什麼中國人總是往後看？總覺得從前的從前要比現在好？陶淵明也是往後看的，他理想的社會是伏羲、神農時代的社會。陶淵明曾在一篇文章裡描寫他自己最愜意的生活狀態：「少學琴書，偶愛閒靜，開卷有得，便欣然忘食。見樹木交蔭，時鳥變聲，亦復歡然有喜。常言：五六月中，北窗下臥，遇涼風暫至，自謂羲皇上人。」

這個羲皇上人，就是伏羲。中國古代有三皇五帝的說法，關於三皇五帝具體是誰，有不同的說法，一般三皇就是伏羲、神農、軒轅，五帝就是黃帝、顓頊、帝嚳、堯、舜。伏羲、神農，幾乎就是神話裡的人物。但陶淵明在詩裡說，自從伏羲、神農去世之後，就一代不如一代。在秦朝之前，還有孔子這樣的偉大人物，維護著禮樂的傳統；秦朝之後，社會就漸漸沉淪了，再也沒有人去踐行六經的理念、規則，再也沒有人追求真理，大家都在追逐功名的路上狂奔。

面對這種情況，陶淵明說他也沒有什麼辦法，只能喝喝酒，感嘆感嘆。感嘆時說的話如果刺耳，他說，你們就當作我是喝醉了說醉話吧。面對社會弊端，陶淵明可以獨善其身，可以過自己想要的生活，但對於如何改善社會現狀，他好像沒有什麼別的辦法。如果說有什麼辦法的話，那就只有逃跑。跑到哪裡去呢？桃花源。

02

陶淵明的《桃花源記》寫的並不是自己的經歷，而是一個別人——武陵捕魚人的故事。當代劇作家賴聲川寫《暗戀桃花源》，改寫了這個故事，把它變成陶淵明自己的故事。說是武陵人老陶，因為妻子春花和房東老袁私通，老陶離家出走，沿著溪流走啊走啊，發現了桃花源；進去後，看見的卻是春花和袁老闆，又好像不是他們，三人度過了一段愉悅的時光。然後，老陶回武陵，春花已與袁老闆成家生子，只是袁老闆已經敗落，不是老闆而是潦倒的窮人了。

陶淵明結過兩次婚，但妻子好像都很賢慧，從未有文獻記載他的妻子出過什麼軌。賴聲川一定不是影射陶淵明，而是想提醒我們，尤其提醒很多做著好夢的年輕人，陶淵明的桃花源，不過是一種想像，而現實是另外一回事。現實裡多的是衰敗的人生。

現實裡的陶淵明，很可能就是一個老陶而已。老陶遇到的那點事，也是今天很多老王、老張、老李的現實。賴聲川的故事，讓我想起另外一個真實的故事，就是陶淵明之後的梁朝，美女徐昭佩入宮成了梁孝元帝蕭繹的妃子。元帝只有一隻眼睛，有點醜。兩人的關係不太融洽，徐妃開始出軌。有一次和大臣暨季江偷情，暨季江感嘆地說：「這個徐大姐雖然有點老了，風韻倒是還在啊。」這便是「徐娘半老」這個成語的來歷。

結局是，紙包不住火。梁元帝殺了所有與徐妃私通的人，還氣憤難平，寫了一篇《蕩婦秋思賦》，揭露徐妃這個女人如何下賤淫蕩。這類事，在中國歷代王宮裡，屢見不鮮。在今天尋常百姓家，也屢見不鮮。太陽底下沒有新鮮事。不論科技如何日新月異，人性從來沒有改變過。

當然，據歷史記載，這類事和陶淵明還真的毫無關係。倒是這個梁朝，有一個昭明太子，叫蕭統的，和陶淵明關係深切。為什麼呢？陶淵明生活在東晉、南朝的宋兩個朝代，宋之後是齊、梁、陳，合稱南朝。陶淵明作為一個文學家，在他自己生活的年代，是一個名士，但文學上的成就，好像沒有被大家認可。就連他的好朋友顏延之，在陶淵明死後，寫文章紀念他，也只是稱讚他的人品如何高潔，他的知識如何淵博，但說到他的文章，並不特別誇獎。

南朝的宋之後是齊，有一個大名鼎鼎的劉勰，編了一本流傳至今的文藝理論名著《文心雕龍》，把魏晉、宋、齊大大小小的文學家都列進去了，唯獨沒有陶淵明。

到了梁朝，昭明太子第一次發現了作為文學家的陶淵明，他把陶淵明的詩文搜集起來，編成集子，還為陶淵明寫了一個傳，稱「淵明少有高趣，博學，善屬文，穎脫不群，任真自得」。替他的集子寫了序，稱讚陶淵明「文章不群，辭采精拔」。昭明太子還為陶淵明的喝酒做了辯護，他說陶淵明的詩每一首離不開酒，好像是一個酒鬼，但實際上，陶淵明喝酒，有所寄託，不是為喝而喝。

從昭明太子開始，陶淵明成為了著名的文學家，到了唐朝之後的宋朝，蘇東坡等人又狂熱地崇拜陶淵明，從那時到今天，陶淵明一直與屈原並列為中國古代最具人格魅力的偉大詩人。而一說到陶淵明的名字，中國人一定會想起桃花源。雖然桃花源到底在哪裡，至今沒有確認，但中國人好像都熟悉這個地方，好像都很想去這個地方。但是，桃花源是否像賴聲川暗示的，只是一種想像，是一個不可能到達的地方？抑或像有些學者認為的，桃花源不過是陶淵明喝醉之後的幻覺？

03

在陶淵明的敘述裡，進入桃花源的是一個武陵的漁夫。他是怎麼找到桃花源的呢？他是無意發現的，不是刻意去找的。後來有人刻意去找，卻再也找不到了。很多人做事，刻意要追求什麼了不起的轉型啊模式啊，最後，往往什麼也沒有做成。有些人僅僅因為喜歡某件事，不顧一切地沉迷其間，做著做著，忘掉了成功啊失敗啊模式啊資本啊互聯網啊之類的，然後，卻做成了一點什麼。一刻意就不好玩了。自然而然，盡興而已，做什麼都好玩。

那個捕魚人在山裡沿著溪流搖船而行，大概景色太美了，走著走著就忘了走到哪了。突然看到眼前粉紅一片，進了桃花林。再往前走，看到一個很小的山洞，好像有一點點的光。就把船停在岸邊，自己從洞口走了進去。進去以後，豁然開朗，別有一個村莊，有良田、美池、桑竹之類。男女老少，穿著奇怪，神情怡然。一問才知道他們的祖先為了逃避秦始皇的禍亂，帶著族人逃到山裡，再也沒有出去過。

這個捕魚人在桃花源住了幾天，就辭別回家。回家路上，做了一些標記。向當地太守報告了這件事，太守派人去尋訪，卻再也找不到進去的路。後來又有一些好奇的人前往追尋，都不得蹤跡。後來就再也沒有人問起這件事了。

很多人懷疑桃花源不過是陶淵明喝多了酒以後幻覺的產物，是他想像的一種生活狀態。但事實上，據陳寅恪先生考證，至少在苻堅的「後秦」時代，漢人為了躲避後秦政權，躲在山裡構築「塢堡」，自成一個世界，很像陶淵明寫的桃花源。日本歷史學家鶴間和幸在《始皇帝的遺產：秦漢帝國》一書中，以湖南湘西發現的裡耶秦簡作為依據，認為陶淵明所吟詠的桃花源有真實存在的可能性，是秦統一中國後六國的後裔躲在湘西一帶的紀實。

美國作家比爾．波特在二十世紀八十年代到中國的陝西深入尋訪，居然發現了一個隱居的群體。這些人有的從清朝時候躲進山裡，再也沒有出來過，不知道中華民國，也不知道中華人民共和國。也就是說，在中國，不論政治如何嚴酷，不論社會環境如何艱難，時代總有細微的隙縫，容得下一些人隱身其間。

當然，比爾．波特提到過，與他印象中的隱士大相徑庭的是，這些現實生活中的隱士遠沒有他想像中的那般浪漫。他們的處所並不是「在雲中，在松下，在塵世外」，他們當然更不是「靠著月光、芋頭和大麻生活」；相反，他們過著最為原始的日子，忍受著常人所難以忍受的孤獨和貧寒。

04

對於中國人來說，桃花源式的故事並不陌生。一個砍柴的人，在深山裡遇到下棋的老人或美麗的女子，然後度過一段美妙的時光，再回到世間，恍然已經過去幾十年乃至上百年。這些故事都假設了在現實之外，有一個神仙世界。這個神仙世界，猶如一個白日夢掛在中國人的心間，安慰著世俗人疲憊的心靈。

在沉重的現實世界，中國人編織了一個奇妙的神仙世界，來消解日常的痛苦和單調。每天的勞動太累了，所以，會有田螺姑娘在你種田的時候，到你家裡幫你做飯。還有貧困的放牛郎，會遇到下凡來洗澡的仙女，居然還嫁給了他。在現實依舊沉重的今天，在微信、微博、互聯網上傳播的各種美好的創業故事、美好的人生故事，還有那些重複轉來轉去的人生道理，每時每刻撫慰著我們疲倦的心靈。在神話消失的時代，每一個傳播裡的故事，甚至新聞故事，都可能不過是滿足人們願望的神話而已。

賴聲川的提醒是有益的，我們確實不能把陶淵明的桃花源當作現實，就像我們不能把傳播裡的世界當作現實一樣。《桃花源記》的故事本身，已經明確告訴了我們：這不是現實，而是現實之外的另一個世界。捕魚人偶然發現了隱藏在深山裡的小小鄉村：桃花源。然後，報告了官吏，再去尋找的時候卻發現這個鄉村不見了。就是說，桃花源在我們謀生的現實世界之外，是另外一個世界。

但是，桃花源的特別在於：第一，它不是一個神仙世界，而是一個真實的日常世界，那裡面的人不是神仙，而是普通人，過著普通的日常生活；第二，它標出了明確的時代背景：東晉和秦朝。東晉是陶淵明生活的年代，而秦是桃花源的緣起，這些人是為了逃避秦朝的暴政而躲到了深山裡，創造了桃花源這樣一個平靜的世界。

05

桃花源的時代背景特別重要。它不是一個臆想式的白日夢，而是一個源自現實痛楚的理想追求。也就是說，桃花源這個理想是浸透了現實的苦難而凝練成的。這不是虛無縹緲的想像，而是在洞察了殘酷現實之後的安靜歸宿。

《桃花源記》裡有一個詞非常關鍵：「避秦」（自雲先世避秦時亂）。這個「秦」，一般認為是秦政權，就是我們大家所熟悉的秦始皇的秦，這個政權建立了一套關於「統一中國」的話語，以及專制的權力結構，一直延續到清代。

《桃花源詩》的第一句是「嬴氏亂天紀」，「嬴」是秦始皇的姓，秦始皇名叫嬴政。從這一句看，陶淵明寫的桃花源裡人，應該不是躲避苻堅的後秦，而是躲避嬴政的秦帝國。

為什麼要「避秦」呢？因為姓嬴的傢伙攪亂了上天的法度，那些賢良的人只好遠遠地離開他的統治範圍，躲到時代之外（嬴氏亂天紀，賢者避其世）。這個「世」有「時代」的意思。秦始皇確實開創了一個時代，一個延續了近兩千年的時代，關鍵字只有一個：皇帝。英國人麥嘉湖在一九〇九年寫的《中國人的生活方式》裡說：「皇帝有一個稱號『聖上』，這意味著，他置身於一切批評之外，他是中國唯一一個無須對任何人解釋其行為的人。」圍繞皇帝這個詞，又有一個延伸出來的關鍵字：大一統

（專制）。在大一統的專制體制裡，中國人重視道德、家庭、秩序等等，形成了一套作為一個臣民的生活方式。

所以，所謂避秦，大意就是避開皇帝的權力範圍。《桃花源記》不過用了一個很美的故事，表達的是古諺的意思：「日出而作，日入而息。鑿井而飲，耕田而食。帝利於我何有哉！」（我每天太陽出來就去做點活兒，太陽下山了就回家休息。沒有水喝就挖井，沒有飯吃就耕田。我就這樣自食其力，活得自然，皇帝管得了我嗎？）中國又有一句古語：天高皇帝遠。不被皇帝管治的生活是美好的。

皇帝帶來的，是無休無止的爭鬥，就如孫中山所說：「漢唐以來，沒有一朝不是爭皇帝的。中國歷史，常是一治一亂，當亂的時候，總是爭皇帝。外國嘗有因宗教而戰、自由而戰的，但中國幾千年以來，所戰的都是皇帝一個問題。」

秦始皇在位的時候，有一次外出巡遊，一個普通的小百姓劉邦見到他，暗暗地在心裡嘀咕：「男子漢大丈夫應當如此啊。」另一個貴族的後裔項羽則說了一聲：「我一定會取代他。」秦始皇還在位的時候，就有人在盯著他的皇位了。

秦始皇一死，首先是他的兩個兒子爭奪皇位。然後是冒出了兩個農民陳勝、吳廣，高喊「王侯將相甯有種乎」，就煽動了一幫窮苦人揭竿而起造秦朝的反。金庸《鹿鼎記》裡韋小寶用了這一招教蘇菲亞如何煽動下層士兵叛亂：

蘇菲亞站在階石上，大聲說道：「火槍手們，你們都是羅剎國的勇士，為國家立過很大功勞。可是你們的餉銀太少了，你們沒有美麗的女人，沒有錢花，酒也喝不夠，住的屋子太小、太不舒服。莫斯科城裡有很多有錢人，他們有好大的屋子，有很多僕人，有很多美麗的女人，你們沒有。這公平不公平啊？」

眾火槍手一聽，齊聲叫道：「不公平！不公平！」

蘇菲亞道：「那些有錢人又肥又蠢，吃得好像一頭頭肥豬，如果跟你們比武，打得過你們嗎？這些富翁的槍法難道勝過了你們？他們的刀法難道勝過了你們？他們為國家、為沙皇立過功勞嗎？」她問一句，眾火槍手就大聲回答：

「不！」

……

蘇菲亞又道：「你們都應當做將軍，做富翁！你們個個應當升官發財。」

這段話是陳勝吳廣「王侯將相甯有種乎」的演繹。誰也不是天生就可以當王侯將相，只要奪取了權力，不管是流氓還是無賴，都可以成為上天指定的「皇帝」。在中國古代的社會結構裡，密密麻麻遍佈著這種皇帝式的權力結構。當這個「皇帝」坐穩位置的時候，其他人就是奴才。但奴才到一定時候，一定會謀取「皇帝」的位置。就這樣周而復始。

陳勝建立了張楚政權，自稱「陳王」，但不到六個月就滅亡了。項羽和劉邦廝殺了好幾年，最後，劉邦當上了皇帝，開始了中國歷史上最長久的一個統一王朝：漢朝，長達四百多年。一方面是不斷的下層民眾的造反，一方面是皇帝子孫、大臣之間為了爭奪皇位的相互殘殺（每個朝代都上演兄弟殘殺和父子殘殺的悲劇）。

到了東漢末年，天下大亂，曹操、劉備、孫權三個人爭當皇帝，最後形成了三國割據的局面。但輔佐魏文帝的司馬懿自己也有當皇帝的心，到他孫子司馬炎，終於奪得皇帝位子，西晉取代了魏，並且相繼滅掉了蜀國、吳國，統一了中國。

但司馬炎去世後，為爭皇位，釀成了慘烈的八王之亂，持續到懷帝即位。但是，內亂引起外患，北方的匈奴等少數民族殺到洛陽，俘虜並殺死了晉懷帝。西晉滅亡，中國又陷於南北分裂。從此開始，少數民族的首領也起了陳勝、吳廣的念頭：王侯將相寧有種乎？漢人可以當皇帝，為什麼我們匈奴人、鮮卑人等等就不可以呢？

從此，逐鹿中原。不僅僅王室內部人員爭奪皇位，不僅僅漢族的底層「豪傑」揭竿而起造反搶皇位，又增加了各族「英雄」在中國大地上搶著做皇帝。西晉之後，北方是混亂的五胡十六國，南方則進入東晉。西元三一七年，司馬睿接受西晉將領的推戴，在建業（南京）即位，成為東晉元帝。

06

東晉一直處於動盪之中。元帝當上皇帝，依賴的是華北貴族琅琊的王導。王導的從兄王敦掌握了軍權，陶淵明的曾祖父陶侃就是王敦的部下。陶侃當年平定了湖南、湖北的流民叛亂，成為東晉重要的將軍。王敦和元帝之間，以及元帝之後的明帝之間不斷爭鬥。明帝之後的成帝，在庾亮的幫助下，清除了王敦勢力。而陶侃則因為平定蘇峻叛亂，一躍成為東晉兩大軍事勢力「北府」（南京一帶）和「西府」（荊州一帶）中的「西府」代表。西元三三四年，陶侃去世，庾亮繼任西府的職位。

庾亮之後，桓溫成為西府領袖。桓溫自己一直想當皇帝，差一點就要逼簡文帝禪位給自己，沒有預料到的是，自己的得力部下謝玄阻撓他篡位。不久桓溫病死，東晉在謝玄的輔助下延續了幾十年太平日子，其間淝水大戰還擊敗了來自北方的侵略。但是，謝玄死後，司馬道子專權。帶有宗教色彩的五斗米道在孫恩的領導下，聚集了幾十萬人，起兵造反。結果是成全了兩個人，一個是桓溫的兒子桓玄，一個是武將劉裕。他們兩個平定了孫恩的五斗米道叛亂。桓玄乘機推翻東晉王朝，自立為楚王。

劉裕出兵討伐，一舉殲滅了桓玄，恢復東晉。十五年後，西元四二〇年，劉裕接受東晉恭帝的禪讓，立國為宋。宋武帝劉裕在位兩年即去世。宋文帝為解決國內矛盾，出兵討伐北魏。結果大敗，反而被北魏軍隊打到南京附近，差一點亡了國。這時，急於當皇帝的太子，殺了宋文帝。太子自己又被弟弟所殺，連同四個兒子一起被斬首示眾。這種王室兄弟自相殘殺，一直噩夢般地纏繞整個宋王朝，當然，也一直纏繞著後面的齊、梁、陳三個王朝，也一直纏繞著隋、唐、宋、元、明、清歷代王朝。

孝武帝殺了哥哥當上皇帝，他自己的諸皇子又被明帝殺掉。據說，明帝有十二個兒子又被後來的皇帝殺掉。孝武帝有一個兒子死前發出沉痛感嘆：「願後身不復生王家。」很多年很多年以後，明朝的末代皇帝崇禎也感嘆：「願生生世世不要生在帝王家。」但是，近兩千年來，中國人還是前僕後繼地為著權力而殺戮不已。即使是皇帝本人，在「皇帝」統治下，常常淪為一個權力的符號，成為各種利益集團爭奪的傀儡。在「皇帝」統治下，皇帝的生活也不是美好的。

07

陶淵明的《桃花源記》寫於魏晉南北朝時代，各民族激烈廝殺的時代，各路英雄豪傑激烈廝殺的時代，國家內部各種利益集團激烈廝殺的時代。在魏晉南北朝之前，是長達四百多年的秦漢，中間經過黃巾之亂，進入三國殺。在魏晉南北朝之後，是隋、唐、宋、元、明、清。魏晉南北朝是兩次大統一之間的大分裂大混亂時期。有歷史學家說，這個時代遠非黑暗可以形容。

王安石有一首《桃源行》，對於陶淵明寫桃花源，有著極其深刻的理解。陶淵明經歷了東晉、劉宋兩個朝代權力不斷更替的混亂和殘酷，經歷了那個時代南北的分裂和戰爭，在西元四二七年，也就是宋文帝元嘉四年，離開了人世。在他之後的一千多年，中國社會的結構並沒有根本的改變，還是皇帝主導的「大一統」和「專制」。北宋的王安石，寫出了近兩千年來，桃花源為什麼一直觸動中國人內心的現實原因：

望夷宮裡人們恐懼於權勢指鹿為馬，秦國的人民啊很多死在了長城腳下。逃避亂世的不僅是商山四位隱士，也有桃花源裡的種桃人家。

到此地種桃度過了多少冬天和春天，採桃的花吃桃的果實，而桃的樹枝可以當作柴火。子孫在這裡生活與世隔絕，雖有父子卻不分君臣。

捕魚的男子搖著船忘了路的方向，不知不覺進了桃花的深處。源裡的人見了很吃驚，彼此相問是怎麼回事。世上人已經不瞭解古時候的秦朝，山中人怎麼都想不到現今已經是晉代。

聽說長安又吹起戰塵，春風中回首往事淚下沾巾。虞舜一去怎能再得，天下紛紛又曆遭多次似秦末之戰禍。

（原詩）

望夷宮中鹿為馬，秦人半死長城下。避時不獨商山翁，亦有桃源種桃者。此來種桃經幾春，採花食實枝為薪。兒孫生長與世隔，雖有父子無君臣。

漁郎漾舟迷遠近，花間相見因相問。世上那知古有秦，山中豈料今為晉。聞道長安吹戰塵，春風回首一沾巾。重華一去寧複得，天下紛紛經幾秦。

中國傳統社會，一方面是強烈的趨同化，一方面是不斷的混亂。美好的一面是所謂天下大同，其樂融融。但殘酷的一面，第一，每一次的統一都是武力統一，從未有過和平協商統一；第二，在一個大家趨同並且崇尚權力的社會裡，要像一個人那樣有尊嚴地活著，非常不容易。

錢穆先生曾經比較中國和西方文化：「中國人喜歡講合，西方人喜歡講分。」、「英國人統治馬來亞人多少年，馬來亞人仍然是馬來亞人；英國人統治香港一百年，但今天香港人仍是中國人，沒有變成英國人。英國人只要統治你，並不要你改變成英國人。」相反，錢先生舉了猶太人的例子，中國的猶太人都變成中國人了，而歐洲的猶太人還是猶太人。

中國傳統社會有種強大的同化功能，要把每個人都變成同一種人。所以，個人要想作為一個個體生活，並不容易。大多數時間，人們活在亂世，沒有方向感，沒有安全感。桃花源的意義，在於寫出了中國人內心深深的痛苦和渴望。在專制社會裡，個人唯一的身分好像只有臣民，必須效忠於皇帝。而陶淵明用桃花源，向中國人顯示了從臣民的身分解放出來的可能性，獲得個人自由的可能性。

08

陶淵明一生，當然沒有逾越臣民的身分。他既不想沉淪於社會腐敗的系統裡，但也不想奮起反抗。他選擇了一條非常個人化的路，就是主動把自己放逐在時代潮流之外，堅持自己的生活方式，創造了自己的桃花源。

在一個殘酷的殺戮時代，在一個個人的權利和安全幾乎沒有什麼確定性的時代，陶淵明既不沉淪其間、同流合污、苟且偷生，也不寄希望於神靈保佑，或用虛幻的詩與遠方來緩解現實的痛苦。在他那個時代，在各種好像無法突破的束縛裡，陶淵明用了一生的力氣，過自己想要過的生活。他想要的生活，濃縮在「桃花源」這個意象裡了。

桃花源是一個理想。這個地方可以自己向世界敞開，又可以自己關閉，不再向世界敞開。不論時代的洪流多麼洶湧，都不能干擾這個世界。詩裡提到沒有年曆，只憑四季變化感受時間。又提到「秋熟靡王稅」，意思是莊稼有了收成不用向官府交稅。稅賦是最典型的公共權力介入個人日常生活的標誌。凡是有政府，就一定要交稅。皇帝的權力到達哪裡，哪裡的民眾就要交稅。交稅，意味著個人向權力的臣服。

總之，不受時間的打擾，不受這個世界的打擾。一個自足的世界，一個不需要打卡上班的世界，一個沒有官員的世界，一個沒有市場競爭的世界。在這個世界裡，只是日出日落，人們只是就地取材，解決溫飽，不再有什麼多餘的想法，在山水間自然而然地活著、老去。

桃花源又是一個現實。桃花源裡的人不是神仙，而是普普通通的人。這些普普通通的人所處的地方也不是仙界，而是地球上到處都有的山水之間。他們也不像很多隱士，逃避了社會之後，過的是不食人間煙火的生活，他們仍然在人間，老人、孩子、家庭、勞動、吃飯、睡覺……他們仍然生活在生活之中。

陶淵明用桃花源，顯示了一條逃跑的路線。陶淵明透過桃花源這樣一個故事，向每一個普通人透露了一個偉大的資訊：個人要想獲得自由，首先要逃跑，從各種社會羅網裡逃跑出來；逃跑之後，不是隱遁，不是遠離社會，而是在社會裡過一種自然的生活，一種置身於大自然的人與人之間和諧相處的生活。

陶淵明要逃避的，是政治，是權鬥，是無休止的爭鬥，還有無所不在的羅網，就像他在《感士不遇賦》裡說的：捕魚之網密織而魚恐懼，捕鳥之羅大張而鳥心驚。陶淵明要逃避的，是那一張張困囚自己的羅網，就像勒．克萊齊奧所言：「我逃跑是為了找回世界。」

怎麼逃跑？怎麼在這個社會裡過一種自然的生活？陶淵明一直在用自己的行動不斷回答這兩個問題。也就是說，桃花源不是陶淵明的自我心靈按摩的夢囈，也不是他作為文學家杜撰的烏托邦，而是一種實實在在的生活理想。陶淵明一生的活法，證明了這是任何一個普通人，任何一個重視個人自由和尊嚴的普通人，即使在皇權時代，也可以達成的生活。

09

由此，我想到了梭羅。人們經常把梭羅和陶淵明相比較。這兩個人相異的地方很多。梭羅從不喝酒，終身未娶。陶淵明喝了一輩子的酒，去世前還感嘆此生酒沒喝夠；結了兩次婚，有幾個孩子。最主要的，是這兩個人生活在完全不同的社會裡，某種意義上具有不可比性。

但是，有一點他們完全相通，他們都把個人自由看成是人生最重要的東西，一生都在追求怎麼樣過一種不被打擾的生活。

陶淵明確立了一個臣民如何追求個人自由的典範。梭羅確立了一個公民如何追求個人自由的典範。

在我看來，人們賦予這兩個人的田園啊、自然啊、隱居啊等標籤，都是很表面的，這兩個人真正的魅力，在於他們用自己一生的生活實踐了個人自由的可能性。

梭羅借了一把斧頭，一個人到瓦爾登湖，想要嘗試「只面對生活的基本事實」。他想逃離世事，但世事還是要追著他。比如，要交稅。稅務官一直追著他，要求他交稅。梭羅一生裡最有影響的一件事是住在瓦爾登湖，但最有意義的一件事，卻是「拒絕交稅」。

梭羅拒絕交稅背後的問題是他不認同大多數人的意見。他對於聯邦政府的「聯邦共識」不贊同。那個年代，美國立國之初，是否廢除黑奴制，各個州有自決權。這就是聯邦共識。但梭羅是一個徹底的廢奴主義者。也就是說，他對於這個國家政權不認同，怎麼辦呢？逆來順受，還是揭竿而起？梭羅採用的是非常個人的方法：不交稅。

不交稅根據法律要坐牢。梭羅並不反抗坐牢。他接受了坐牢的裁判，去了監獄。因為有人幫他交稅，坐了一夜就出來了。

梭羅把自己對政府的抵抗原則，寫成了一篇文章《論公民的不服從》。作為一個公民，如何抵抗多數？如何抵抗政府？梭羅有兩個基本原則十分清晰：第一是非暴力；第二是不結社，用現在中國人的話，就是不搞團團夥夥，完全透過個人的行為來表達自己的意見。

其他的主張，我們不妨細細讀一下《論公民的不服從》。這是一篇被忽略了的重要文章。並不存在一個世外的寧靜世界，寧靜的生活，來自不斷地為自己爭取正當的權利。這是梭羅文章的真正意義。

對於陶淵明來說，理想的社會也是不用交稅，但他絕對不會像梭羅那樣，用抗爭的手段。當然，在陶淵明的時代，如果像梭羅那樣抗稅，結果就不是進監獄，而是被殺頭。陶淵明一生，以逃避維護了自己的尊嚴和自由，但是，他一生都沒有逾越一個臣民的界限，一生都沒有學會如何以正當的手段為自己爭取權益。這是他留給後人的一個至今仍然有意義的話題。

陶淵明的意義，在於在一個嚴酷的皇權社會裡，他以個人之力完全擺脫了對於社會權力系統的依賴，依靠自食其力去過自己想過的生活，生命的光輝，就一點一點閃耀，一點一點照亮了人類永不停止追求自由的心靈。

10

在這個血腥殺戮的世界裡，
在這個虛偽取巧的時代裡，
在這個處處依靠人情，
時時依靠關係的羅網一樣的社會裡，
我啊就在自己的桃花源裡喝喝酒，
靜靜地看著你們鬧。

完稿於二〇一六年八月十八日

附錄

陶淵明詩文選譯

1 時運・並序

時運，遊暮春也。春服既成，景物斯和，偶影獨遊，欣慨交心。

邁邁時運，穆穆良朝。
襲我春服，薄言東郊。
山滌餘靄，宇曖微霄。
有風自南，翼彼新苗。
洋洋平澤，乃漱乃濯。
邈邈遐景，載欣載矚。
稱心而言，人亦易足。
揮茲一觴，陶然自樂。
延目中流，悠悠清沂。
童冠齊業，閒詠以歸。

我愛其靜，寤寐交揮。
但恨殊世，邈不可追。
斯晨斯夕，言息其廬。
花藥分列，林竹翳如。
清琴橫床，濁酒半壺。
黃唐莫逮，慨獨在餘。

時運．並序 譯文

季節流轉，在暮春裡出遊。穿著春天的衣服，風景和穆，一個人獨自遊玩，喜悅裡有淡淡的感傷。

季節慢慢地流轉，又是一個美好的早晨。穿上春天的衣服，晃晃悠悠到了東郊。山巒剛剛從朝霧裡探出頭來，天空浮動著薄薄的雲。

風從南方吹來，那些幼苗在風中好像長出了翅膀在飛翔。浩浩茫茫的湖水，洗滌我們的塵埃。

遠方的景色啊讓人欣喜，人的本心啊多麼容易滿足。只要有一杯酒，就怡然自樂。望著湖的中央，恍如回到了魯國時代的沂水。

大人小孩完成了一天的功課，到湖邊逍遙歌詠，然後回家。我熱愛曾點所說的那種寧靜，日夜嚮往那種寧靜的生活。只可嘆那個年代已經過去很久了，再也回不去了。

早晨出來，遊蕩到晚上，回到家裡。花卉藥草長滿了院子，樹林鬱鬱蔥蔥。

床上有一把寂寞的琴，壺裡還有濁酒半杯。

沒有趕上黃帝堯帝的美好年代，獨自感慨不已。

2 五柳先生傳

先生不知何許人也，亦不詳其姓字。宅邊有五柳樹，因以為號焉。閒靜少言，不慕榮利。好讀書，不求甚解；每有會意，便欣然忘食。性嗜酒，家貧不能常得。親舊知其如此，或置酒而招之。造飲輒盡，期在必醉；既醉而退，曾不吝情去留。環堵蕭然，不蔽風日，短褐穿結，簞瓢屢空，晏如也。常著文章自娛，頗示己志。忘懷得失，以此自終。

贊曰：黔婁之妻有言：「不戚戚於貧賤，不汲汲於富貴。」其言茲若人之儔乎？銜觴賦詩，以樂其志，無懷氏之民歟？葛天氏之民歟？

五柳先生傳　譯文

不知道五柳先生是什麼地方的人，也不清楚他的姓字。因為住宅旁邊有五棵柳樹，就把這個作為號了。他安安靜靜，很少說話，也不羨慕榮華利祿。他喜歡讀書，不在一字一句的解釋上過分深究；每當對書中的內容有所領會的時候，就會高興得連飯也忘了吃。他生性喜愛喝酒，家裡窮經常沒有酒喝。親戚朋友知道他這種境況，有時擺了酒席叫他去喝。他去喝酒就喝個盡興，希望一定喝醉；喝醉了就回家，竟然說走就走。簡陋的居室裡空空蕩蕩，遮擋不住寒風和烈日，粗布短衣上打滿了補丁，盛飯的籃子和飲水的水瓢裡經常是空的，可是他還是安然自得。常常寫文章來自娛自樂，也稍微透露出他的志趣。他從不把得失放在心上，從此過完自己的一生。

讚語說：黔婁的妻子曾經說過：「不為貧賤而憂愁，不熱衷於發財做官。」這話大概說的是五柳先生這一類的人吧？一邊喝酒一邊作詩，因為自己抱定的志向而感到無比的快樂。不知道他是無懷氏時代的人呢，還是葛天氏時代的人呢？

3 連雨獨飲

運生會歸盡，終古謂之然。
世間有松喬，於今定何間？
故老贈餘酒，乃言飲得仙。
試酌百情遠，重觴忽忘天。
天豈去此哉，任真無所先。
雲鶴有奇翼，八表須與還。
自我抱茲獨，僶勉四十年。
形骸久已化，心在復何言？

連雨獨飲 譯文

生命的運行一定有終結，自古以來就是如此。

傳說裡赤松子和王子喬兩個仙人，如今他們在哪裡呢？
老朋友送我一壺美酒，說喝了它就是神仙。
初初一喝就忘了喜怒哀樂，再喝幾杯連天都忘了。
其實是和天合而為一，一切都自然而然。
就算神仙可以遨遊宇宙，但須臾之間仍要回來。
四十多年來我一直努力著，不為外物所迷惑。
不論形體如何變化，原初的心卻依舊，有什麼好說的呢？

4 歸園田居．其一

少無適俗韻，性本愛丘山。
誤落塵網中，一去三十年。
羈鳥戀舊林，池魚思故淵。
開荒南野際，守拙歸園田。
方宅十餘畝，草屋八九間。
榆柳蔭後園，桃李羅堂前。
曖曖遠人村，依依墟里煙。
狗吠深巷中，雞鳴桑樹巔。
戶庭無塵雜，虛室有餘閒。
久在樊籠裡，復得返自然。

歸園田居．其一 譯文

很年輕的時候就喜歡自然而然地活著，
從未想過一定要在這個世界上混得怎麼樣。
卻不知不覺掉落到塵世的雜務裡，一掉進去就是三十年。
被羈絆的鳥兒還是會懷想從前在林間自由飛翔，
池塘裡的魚兒還是會懷念從前在湖裡自由遨遊。
到南邊的荒山去開墾，做個本分人安於田園的日子吧。
十幾畝的房子，其中八九間都是草屋。
榆樹和柳樹的樹蔭遮住了後院，
桃樹和李樹排列在房屋的前面。
遠離人群和村落，
遠遠地看到有炊煙裊裊升起。
有狗吠聲來自深巷，
有雞鳴聲來自桑樹巔。
庭院樸素簡潔，沒有塵埃。
心裡沒有雜念，沒有是非。
在樊籠裡太久了，終於回到自然的狀態。

5 始作鎮軍參軍經曲阿作

弱齡寄事外，委懷在琴書。
被褐欣自得，屢空常晏如。
時來苟冥會，宛轡憩通衢。
投策命晨裝，暫與園田疏。
眇眇孤舟逝，綿綿歸思紆。
我行豈不遙，登降千里餘。
目倦川途異，心念山澤居。
望雲慚高鳥，臨水愧遊魚。
真想初在襟，誰謂形跡拘？
聊且憑化遷，終返班生廬。

始作鎮軍參軍經曲阿作 譯文

年輕時候就寄情於世俗生活之外，一心喜歡的只是彈琴和讀書。
穿著粗布的衣服還是很快樂，很窮，但我的心很安定。
機會來了我不會刻意拒絕，不妨暫且去體驗一下做官的滋味。
扔掉拄杖整理好行裝，一早出發，暫時告別我的田園。
一個人孤獨地坐著船去遠方，還未離開，歸家的心思已經回蕩在心間。
我的行程漫漫，一路跋涉了一千多里。
旅途上的風景只讓我覺得厭倦，我心裡思念的是田園的逍遙。
仰望天上的雲，慚愧自己不如鳥兒自由飛翔；
俯瞰河裡的魚，遺憾自己不如魚兒自由遊蕩。
只要我保持著自然率真的胸襟，世俗的人事又怎麼能夠束縛我？
姑且隨遇而安，走一段世俗的路，
最終啊，我還是要回到我的田園。

6 癸卯歲始春懷古田舍二首

其一

在昔聞南畝，當年竟未踐。
屢空既有人，春興豈自免？
夙晨裝吾駕，啟塗情已緬。
鳥哢歡新節，泠風送餘善。
寒竹被荒蹊，地為罕人遠。
是以植杖翁，悠然不復返。
即理愧通識，所保詎乃淺。

其二

先師有遺訓，憂道不憂貧。

瞻望邈難逮，轉欲志長勤。
秉耒歡時務，解顏勸農人。
平疇交遠風，良苗亦懷新。
雖未量歲功，既事多所欣。
耕種有時息，行者無問津。
日入相與歸，壺漿勞近鄰。
長吟掩柴門，聊為隴畝民。

癸卯歲始春懷古田舍二首　譯文

其一

很早就聽說了南畝這個地方，卻一直沒有去那裡種地耕田。我一直像顏回那樣貧窮，春天了怎麼能不去田裡勞動？

一大早備好車馬，一上路心就已經飛到遠方。

鳥的鳴叫宛如新春的喜悅，風吹來，有著微微的寒氣。荒蕪小路，寒竹搖曳著，沒有人跡，顯得很遙遠。

從前拄杖的老人在田園裡悠然自在，再也不回到塵世。躬耕田園也許不合時宜，卻能保全我自己的本性。

其二

先師孔子有遺訓：君子憂道不憂貧。我這樣的普通人很難達到那種境界，不如老老實實把田耕好、把地種好。農忙了，拿著犁柄快快樂樂去田裡，碰到農人就開開心心勉勵幾句。

廣闊的田野遇到遠方的風，長勢喜人的禾苗滿懷清新。最終多少收成我並不知道，眼前的農活已經讓我歡欣。累了就休息，沒有人來打擾。

太陽下山了，就一起回家，一起喝喝酒吹吹牛。

天黑了，關上柴門自己吟詩，做一個鄉下人是多麼愜意。

7 庚戌歲九月中於西田獲早稻

人生歸有道，衣食固其端。
孰是都不營，而以求自安？
開春理常業，歲功聊可觀。
晨出肆微勤，日入負禾還。
山中饒霜露，風氣亦先寒。
田家豈不苦？弗獲辭此難。
四體誠乃疲，庶無異患干。
盥濯息簷下，鬥酒散襟顏。
遙遙沮溺心，千載乃相關。
但願長如此，躬耕非所嘆。

庚戌歲九月中於西田獲早稻 譯文

人生歸依有常理，吃穿是首要的事。要是吃穿都不能解決，怎麼能夠心安？
春天來了就去田裡做農活，一年的收成還算可觀。清晨下地去幹活，太陽下山時
背著稻穀回家。
山裡霜露繁重，冬天未到已經寒冷。
農人難道不艱苦嗎？只是沒有辦法擺脫而已。
身體確實很疲累，但是卻沒有了其他的禍害。
回到家裡梳洗休息在房檐下，開開心心把酒喝。
我的心啊和從前的長沮、桀溺相通，都喜歡隱居耕田。
在鄉間耕田免去了多少世間煩惱，我希望就這樣一直簡簡單單。

8 移居二首

其一

昔欲居南村，非為卜其宅。
聞多素心人，樂與數晨夕。
懷此頗有年，今日從茲役。
弊廬何必廣，取足蔽床席。
鄰曲時時來，抗言談在昔。
奇文共欣賞，疑義相與析。

其二

春秋多佳日，登高賦新詩。
過門更相呼，有酒斟酌之。

農務各自歸，閒暇輒相思。
相思則披衣，言笑無厭時。
此理將不勝，無為忽去茲。
衣食當須紀，力耕不吾欺。

移居二首 譯文

其一

一直想住到南村去，不是因為那裡的宅子風水好。
因為那裡有許多素樸的人，希望和他們度過日日夜夜。
懷有這個願望已經很多年了，今天終於成為現實。
住房不一定要寬廣，有凳子坐、有床睡就可以了。
鄰居常常來串門，聊起過去總有說不完的話。
寫了或讀到什麼有趣的文章大家一起欣賞，不明白的地方相互啟發。

其二

春天秋天有很多晴朗的日子，大家一起去登高吟詩。
家門口有人經過，招呼了一起坐下來喝酒喝個痛快。
農忙的時候到了各自去幹活，閒暇的時候就想起彼此。
這種活法非常美妙，不要輕易捨棄。
人生還是要努力經營衣食，努力耕耘就會有收穫。

9 止酒

居止次城邑，逍遙自閒止。
坐止高蔭下，步止蓽門裡。
好味止園葵，大歡止稚子。
平生不止酒，止酒情無喜。
暮止不安寢，晨止不能起。
日日欲止之，營衛止不理。
徒知止不樂，未知止利己。
始覺止為善，今朝真止矣。
從此一止去，將止扶桑涘。
清顏止宿容，奚止千萬祀。

我家住在城市附近，逍遙自得十分悠閒。閒坐在高樹濃蔭之下，散步也只在柴門裡邊。

好味道不過是園中的葵菜，大高興也只有稚子承歡。

平生不肯停止飲酒，停止飲酒將會心裡悶煩。

晚上停飲就不得安睡，早上停飲就起床遲延。

天天都想停止飲酒，停止了氣血經脈將會虛孱。

只知道停止飲酒就不快樂，不知道停止了好處多端。

開始覺得停止飲酒是件好事，今天才真正與酒絕緣。

從此一直這樣停止下去，將停止在扶桑樹生長的水邊。

清朗的臉容停止在年輕的模樣，何止一千年一萬年。

10 九日閒居・並序

餘閒居，愛重九之名。秋菊盈園，而持醪靡由，空服九華，寄懷於言。

世短意常多，斯人樂久生。
日月依辰至，舉俗愛其名。
露凄暄風息，氣澈天象明。
往燕無遺影，來雁有餘聲。
酒能祛百慮，菊解制頹齡。
如何蓬廬士，空視時運傾。
塵爵恥虛罍，寒華徒自榮。
斂襟獨閒謠，緬焉起深情。
棲遲固多娛，淹留豈無成？

九日閒居・並序　譯文

閒居無事，我很喜歡「重九」這個節名。秋菊滿園，想喝酒但家裡沒有酒可喝，把持著菊花卻沒有菊花酒，姑且用詩寄託情懷。

人生很短想得到的很多，人人都喜歡自己活得長久。
重陽不過季節的自然流轉，但人們還是把它當作一個特別的節日。
露水出現了，暖風已經停息。空氣澄澈，日月星辰分外光明。
飛去的燕子已不見蹤影，飛來的大雁留下了餘音。只有酒能驅除種種憂慮，只有菊才懂得益壽延齡。
茅草屋裡的清貧士，徒然看著時運的變更。
愧對積滿了灰塵的酒樽，愧對空自開放的菊花。
整斂衣襟，獨自個悠然歌詠，深思遐想勾起了一片深情。
歸隱居田園本有很多歡樂，但一直隱居豈不會無一事成？

11 形影神三首・並序

貴賤賢愚，莫不營營以惜生，斯甚惑焉；故極陳形影之苦，言神辨自然以釋之。好事君子，共取其心焉。

形贈影

天地長不沒，山川無改時。
草木得常理，霜露榮悴之。
謂人最靈智，獨復不如茲。
適見在世中，奄去靡歸期。
奚覺無一人，親識豈相思？
但余平生物，舉目情淒洏。
我無騰化術，必爾不復疑。
願君取吾言，得酒莫苟辭。

影答形

存生不可言，衛生每苦拙。
誠願遊崑華，邈然茲道絕。
與子相遇來，未嘗異悲悅。
憩蔭若暫乖，止日終不別。
此同既難常，黯爾俱時滅。
身沒名亦盡，念之五情熱。
立善有遺愛，胡可不自竭？
酒云能消憂，方此詎不劣！

神釋

大鈞無私力，萬理自森著。
人為三才中，豈不以我故。
與君雖異物，生而相依附。

結托善惡同，安得不相語。
三皇大聖人，今復在何處？
彭祖愛永年，欲留不得住。
老少同一死，賢愚無復數。
日醉或能忘，將非促齡具？
立善常所欣，誰當為汝譽？
甚念傷吾生，正宜委運去。
縱浪大化中，不喜亦不懼。
應盡便須盡，無復獨多慮。

形影神三首‧並序 譯文

不論高貴低賤，不論賢明愚昧，沒有人不為了愛惜生命而來往奔波的，但如何愛惜生命？大多數人非常困惑，並不明白生命的真相是什麼。所以，我試著把生命分成形、影、神三個層面，分析形、影層面上的追求充滿痛苦，只有神層面上的自然之道是解決痛苦的出路。我把這個觀點分享給同好，一起來探討。

形贈影

天地長久好像不會消亡，山川永恆彷彿永遠如此。草木隨順著自然的規律，秋冬凋零了春夏又花開。都說人是萬物之靈，卻不能長存在世上。

剛剛見他就在眼前，轉眼消逝永不回來。誰也不會覺得少了一個人，親朋好友會不會偶爾想起？生前的物件還在那裡，看到了徒然傷心流淚。

我們都是凡人，哪有什麼仙術？我們終將死去，哪有什麼疑問？

願你聽取我的衷言，有酒就喝不要辭讓。

影答形

長生不死是不可能的，養身延年並沒有什麼好的方法。多麼想遊訪神仙世界，卻虛無縹緲道路斷絕。

自從和你（肉體）相遇，就一起經歷著相同的悲歡。有了陰影會暫時分離，陽光出來了就合而為一。

形影不離很難長久，你消失了我也會隨之消失。肉身死了名分也就盡了，這真讓我感慨萬千。

但良善的德行可以流傳後世，為什麼不竭盡全力踐行呢？喝酒固然消解憂愁，但相比於流芳百世卻又顯得微不足道了。

神釋

天地自然沒有什麼偏愛，萬物生存自有自己的規律。人與天地並稱三才，是因為人具有神性的緣故。

我與形、影雖不相同，但我並不能離開它們獨自存在。我們有著一樣的所好所惡，怎能不將衷言傾訴？

古代的三皇大聖人，現在都在哪裡呢？彭祖雖然活得很長，最終還是成了灰土。長壽短命同樣一死，賢達愚昧也無定數。整天醉酒或可忘憂，飲酒傷身使人短壽。樹立善德令人欣慰，身死之後誰會讚譽？過分擔憂傷我生命，不如回到宇宙自然裡。

在自然裡無拘無束，既不欣喜亦不憂懼。命有定數當盡便盡，不必獨自苦苦思慮。

12 自祭文

歲惟丁卯，律中無射。天寒夜長，風氣蕭索，鴻雁於征，草木黃落。陶子將辭逆旅之館，永歸於本宅。故人淒其相悲，同祖行於今夕。羞以嘉蔬，薦以清酌。候顏已冥，聆音愈漠。嗚呼哀哉！

茫茫大塊，悠悠高旻，是生萬物，餘得為人。自餘為人，逢運之貧，簞瓢屢罄，絺綌冬陳。含歡穀汲，行歌負薪，翳翳柴門，事我宵晨。春秋代謝，有務中園。載耘載耔，乃育乃繁。欣以素牘，和以七弦。冬曝其日，夏濯其泉。勤靡餘勞，心有常閒。樂天委分，以至百年。

惟此百年，夫人愛之，懼彼無成，愒日惜時。存為世珍，歿亦見思。嗟我獨邁，曾是異茲。寵非己榮，涅豈吾緇？捽兀窮廬，酣飲賦詩。識運知命，疇能罔眷。余今斯化，可以無恨。壽涉百齡，身慕肥遁。從老得終，奚所復戀！

寒暑愈邁，亡既異存，外姻晨來，良友宵奔，葬之中野，以安其魂。窅窅我行，蕭蕭墓門。奢恥宋臣，儉笑王孫。廓兮已滅，慨焉已遐。不封不樹，日月遂過。匪貴前譽，孰重後歌？人生實難，死如之何？嗚呼哀哉！

自祭文　譯文

此刻，丁卯年九月，天氣寒冷，秋夜漫長，一片蕭條，大雁南飛，草木凋零。我將要辭別這暫時寄居的人世，永遠回到自己本來的住處。親友們懷著淒傷悲哀的心情，今晚一道來祭奠我的亡靈，為我送行。他們為我供上了新鮮的果蔬，斟上了清酒。看看我的容顏，已是模糊不清；聽聽我的聲音，更是寂靜無聲。悲哀啊，悲哀！

茫茫大地，悠悠高天，你們生育了萬物，我也得以降生人間。自從我成為一個人，就遭遇到家境貧困的命運，飯筐水瓢裡常常是空無一物，冬天裡還穿著夏季的葛布衣服。可我仍懷著歡快的心情去山谷中取水，背著柴火時還邊走邊唱，在昏暗簡陋的茅舍中，一天到晚我忙碌不停。從春到秋，田園中總是有活可幹，又是除草又是培土，作物不斷滋生繁衍。捧起書卷，心中欣歡；彈起琴弦，一片和諧。冬天曬曬太陽，夏天沐浴於清泉。辛勤耕作，不遺餘力，心中總是悠閒自在。樂從天道的安排，聽任命運的支配，就這樣度過一生。

這人生一世，人人愛惜它，唯恐一生不能有所成就，格外珍惜時光。生前為世人所尊重，死後被世人所思念。可嘆我自己獨行其是，竟是與眾不同。我不以受到寵愛為榮耀，汙濁的社會豈能把我染黑？身居陋室，意氣傲然，飲酒賦詩。我識運知命，所以能無所顧念。今日我這樣死去，可說是沒有遺恨了。我已至老年，仍依戀著退隱的生活，既以年老而得善終，還又有什麼值得留戀！

歲月流逝，死既不同於生，親戚們清晨便來弔唁，好友們連夜前來奔喪，將我葬在荒野之中，讓我的靈魂得以安寧。我走向幽冥，蕭蕭的風聲吹拂著墓門，我以宋國桓魋那樣奢侈的墓葬而感到羞恥，以漢代楊王孫那過於簡陋的墓葬而感到可笑。墓地空闊，萬事已滅，可嘆我已遠逝，既不壘高墳，也不在墓邊植樹，時光自會流逝。既不以生前的美譽為貴，誰還會看重那死後的歌頌呢？人活著真的不容易，死了又怎麼樣呢？悲哀啊，悲哀！

13 歸去來兮辭・並序

余家貧，耕植不足以自給。幼稚盈室，缾無儲粟，生生所資，未見其術。親故多勸餘為長吏，脫然有懷，求之靡途。會有四方之事，諸侯以惠愛為德，家叔以余貧苦，遂見用於小邑。於時風波未靜，心憚遠役，彭澤去家百里，公田之利，足以為酒，故便求之。及少日，眷然有歸歟之情。何則？質性自然，非矯厲所得。饑凍雖切，違己交病。嘗從人事，皆口腹自役。於是悵然慷慨，深愧平生之志。猶望一稔，當斂裳宵逝。尋程氏妹喪於武昌，情在駿奔，自免去職。仲秋至冬，在官八十餘日。因事順心，命篇曰《歸去來兮》。乙巳歲十一月也。

歸去來兮，田園將蕪胡不歸？既自以心為形役，奚惆悵而獨悲？悟已往之不諫，知來者之可追。實迷途其未遠，覺今是而昨非。舟遙遙以輕颺，風飄飄而吹衣。問征夫以前路，恨晨光之熹微。

乃瞻衡宇，載欣載奔。僮僕歡迎，稚子候門。三徑就荒，松菊猶存。攜幼入室，有酒盈罇。引壺觴以自酌，眄庭柯以怡顏。倚南窗以寄傲，審容膝之易安。園日涉以成趣，門雖設而常關。策扶老以流憩，時矯首而遐觀。雲無心以出岫，鳥倦飛而知還。景翳翳以將入，撫孤松而盤桓。

歸去來兮，請息交以絕遊。世與我而相違，復駕言兮焉求？悅親戚之情話，樂琴書以消憂。農人告餘以春及，將有事於西疇。或命巾車，或棹孤舟。既窈窕以尋壑，亦崎嶇而經丘。木欣欣以向榮，泉涓涓而始流。善萬物之得時，感吾生之行休。

已矣乎！寓形宇內複幾時？曷不委心任去留？胡為乎遑遑欲何之？富貴非吾願，帝鄉不可期。懷良辰以孤往，或植杖而耘耔。登東皋以舒嘯，臨清流而賦詩。聊乘化以歸盡，樂夫天命復奚疑！

歸去來兮辭．並序　譯文

我家貧窮，種田不能夠自給。孩子很多，米缸裡沒有存糧，維持生活所需的一切，沒有辦法解決。親友們都勸我去做官，我心裡也有這個念頭，可是求官缺少門路。正趕上有奉使外出的關使，地方大吏以愛惜人才為美德，叔父也因為我家境貧苦（替我設法），我就被委任到小縣做官。那時社會上動盪不安，心裡懼怕到遠地當官。彭澤縣離家一百里，公田收穫的糧食，足夠造酒飲用，所以就請求去那裡。等到過了一些日子，便產生了留戀故園的懷鄉感情。那是為什麼？本性任其自然，這是勉強不得的；饑寒雖然來得急迫，但是違背本意去做官，身心都感痛苦。過去為官做事，都是為了吃飯而役使自己。於是惆悵感慨，深深有愧於平生的志願。仍然希望任職一年，便收拾行裝連夜離去。不久，嫁到程家的妹妹在武昌去世，去弔喪的心情像駿馬賓士一樣急迫，自己請求免去官職。自立秋第二個月到冬天，在職共八十多天。因辭官而順遂了心願，寫了一篇文章，題目叫《歸去來兮》。這時候正是乙巳年（晉安帝義熙元年）十一月。

回家去吧！田園快要荒蕪了，為什麼不回去呢？既然自己的心靈為形體所役使，為什麼如此失意而獨自傷悲？我悔悟過去的錯誤不可挽救，但堅信在未來的歲月中可以追補。走上迷途並不太遠，我已覺悟到做官還不如回家。船在水上輕輕漂蕩，微風吹拂著衣裳。向行人打聽前面的路，只遺憾晨光朦朧天還沒有亮。

終於看到了自己家簡陋的門，高興地向前飛奔。家僮歡快地迎接我，孩子們守候在門庭。院裡的小路長滿了荒草，松和菊還和原來一樣；牽著孩子們進了屋，美酒已經斟滿了。我端起酒壺酒杯自斟自飲，觀賞著庭樹使我開顏；倚著南窗寄託我的傲世之情，（更）覺得這狹小之地容易使我心安。每天（獨自）在園中散步興味無窮，小園的門經常地關閉著。拄著拐杖走走歇歇，時時抬頭望著遠方（的天空）。白雲自然而然地從山穴裡飄浮而出，倦飛的小鳥也知道飛回巢中。日光暗淡，即將落山，我流連不忍離去，手撫著孤松。

回來呀！我要跟世俗之人斷絕交遊。他們的一切都跟我的志趣不合，再駕車出去又有何求？跟鄉裡故人談心何等快樂，彈琴讀書來將愁顏破；農夫告訴我春天到了，將要去西邊的田地耕作。有時駕著巾車，有時劃著孤舟，既要探尋那幽深的溝壑，又要走過那高低不平的山丘。樹木欣欣向榮，泉水緩緩流動，我羨慕萬物各得其時，感嘆自己一生行將告終。

算了吧！寄身世上還有多少時光，為什麼不按照自己心意或去或留？為什麼心神不定還想去什麼地方？富貴不是我所求，升入仙界也沒有希望。愛惜那良辰美景我獨自去欣賞，要不就扶杖除草助苗長；登上東邊山坡我放聲長嘯，傍著清清的溪流把詩歌吟唱。姑且順應造化去了結一生，以天命為樂，還有什麼可猶豫彷徨？

14 桃花源記・並詩

晉太元中，武陵人捕魚為業。緣溪行，忘路之遠近。忽逢桃花林，夾岸數百步，中無雜樹，芳草鮮美，落英繽紛。漁人甚異之。復前行，欲窮其林。林盡水源，便得一山，山有小口，彷彿若有光。便舍船，從口入。初極狹，才通人。復行數十步，豁然開朗。土地平曠，屋舍儼然，有良田美池桑竹之屬。阡陌交通，雞犬相聞。其中往來種作，男女衣著，悉如外人。黃髮垂髫，並怡然自樂。見漁人，乃大驚，問所從來。具答之。便要還家，設酒殺雞作食。村中聞有此人，咸來問訊。自雲先世避秦時亂，率妻子邑人來此絕境，不復出焉，遂與外人間隔。問今是何世，乃不知有漢，無論魏晉。此人一一為具言所聞，皆嘆惋。餘人各復延至其家，皆出酒食。停數日，辭去。此中人語雲：「不足為外人道也。」

既出，得其船，便扶向路，處處志之。及郡下，詣太守，說如此。太守即遣人隨其往，尋向所志，遂迷，不復得路。

南陽劉子驥，高尚士也，聞之，欣然規往。未果，尋病終。後遂無問津者。

嬴氏亂天紀，賢者避其世。
黃綺之商山，伊人亦云逝。
往跡浸復湮，來徑遂蕪廢。
相命肆農耕，日入從所憩。
桑竹垂餘蔭，菽稷隨時藝；
春蠶收長絲，秋熟靡王稅。
荒路曖交通，雞犬互鳴吠。
俎豆猶古法，衣裳無新制。
童孺縱行歌，班白歡遊詣。
草榮識節和，木衰知風厲。
雖無紀曆志，四時自成歲。
怡然有餘樂，於何勞智慧？
奇蹤隱五百，一朝敞神界。
淳薄既異源，旋復還幽蔽。
借問游方士，焉測塵囂外。
願言躡清風，高舉尋吾契。

桃花源記．並詩 譯文

東晉太元年間，有個武陵人靠捕魚為生。有一次，沿著小溪划船，往前行，不知不覺忘記走了多遠。突然眼前一片桃花林，溪水兩岸幾百步以內，中間沒有別的樹木，花和草鮮嫩美麗，地上的落花繁多。

漁人對此非常驚異，又向前划去，想走到那片林子的盡頭。桃花林在溪水發源的地方不見了，看到一座山，山中有個小洞，隱隱約約好像有光亮。

漁人就捨棄船上岸，從小洞口進入。起初洞口很狹窄，僅能容一個人通過。漁人又向前走了幾十步，一下子變得開闊敞亮了。只見土地平坦寬闊，房屋整整齊齊，有肥沃的土地、美好的池塘、桑樹竹林之類。田間小路交錯相通，能互相聽到雞鳴狗叫的聲音。來來往往的行人，耕種勞作的人，男男女女的衣著裝束和外面的人一樣，老人和小孩都高高興興，自得其樂。

裡面的人一見漁人，大為驚奇，問他是從哪裡來的。漁人詳盡地回答了他們。人們就把漁人請到自己家裡，擺酒殺雞做飯款待他。村裡人聽說來了這麼一個客人，都來打聽消息。他們說他們的祖先為了躲避秦時的戰亂，率領妻子兒女和同鄉人來到這個與外界隔絕的地方，不再出去了，於是就同外界的人隔絕了。他們問漁人現在是什麼朝代。他們完全不知道有漢朝，更不必說魏朝和晉朝了。

漁人詳細地講了他知道的外面的事情，他們聽了都很驚嘆惋惜。其餘的人又各自邀請漁人到他們家裡，都拿出酒菜飯食來款待他。漁人居住了幾天，告辭離開。這裡面的人告訴他說：「這裡的情況不值得對外界的人說啊！」

漁人出來後，找到了他的船，就沿著先前的路回去，一路上處處標上記號。漁人到了武陵郡，便去拜見太守，把這些情況做了稟報。太守立即派人隨同他前往，尋找先前所做的記號，結果迷了路，再也找不到通向桃花源的路了。

南陽有個劉子驥，是位清高的隱士，聽到這個消息，興致勃勃地打算前往桃花源。沒有實現，不久就病死了。以後就不再有探訪的人了。

秦王奪取天下亂了上天的秩序，賢良的人只好拔腿逃跑。有四個老人隱居到了商山，也有人拖家帶口逃到了桃花源。慢慢地消失了他們的蹤跡。

天一亮大家一起到田裡去勞動，天黑了各自回到家裡好好休息。

桑樹啊竹子啊茂密得濃蔭遍地，大家按照季節種植莊稼。

春天蠶寶寶結了繭就抽取絲做衣服，秋天是滿滿的豐收還不用交稅。

外面的道路很荒涼，荒涼到從未有人來過，村子很小很小，小到雞犬相聞。
祭祀還是從前的禮法，衣裳還是從前的款式。孩子們縱情跳躍歡歌，老人們悠哉遊哉。
花開了，知道春天來了；樹凋了，知道冬天來了。沒有日曆記錄時間，在四季裡自然感受到時間的流轉。
悠閒自在快快樂樂的，哪還需要勞心勞力？
神奇的蹤跡隱蔽了五百年，突然開放顯現超塵脫俗的氣息。浮薄和淳樸是多麼不同的世界，顯現了以後還是旋即消失。
凡夫俗子啊，哪能知道世外的事呢？我多麼想循著輕風，飛翔著去尋找我桃源裡的知己。

高寶書版集團
gobooks.com.tw

BK 087
世界很吵，心很安靜：品讀20杯陶淵明的酒，人生不管順境逆境都能豁達自由

作　　者　費　勇
責任編輯　吳珮旻
封面設計　林政嘉
內頁排版　賴姵均
企　　劃　陳玟璇
版　　權　張莎凌

發 行 人　朱凱蕾
出　　版　英屬維京群島商高寶國際有限公司台灣分公司
　　　　　Global Group Holdings, Ltd.
地　　址　台北市內湖區洲子街88號3樓
網　　址　gobooks.com.tw
電　　話　（02）27992788
電　　郵　readers@gobooks.com.tw（讀者服務部）
傳　　真　出版部（02）27990909　行銷部（02）27993088
郵政劃撥　19394552
戶　　名　英屬維京群島商高寶國際有限公司台灣分公司
發　　行　英屬維京群島商高寶國際有限公司台灣分公司
法律顧問　永然聯合法律事務所
初版日期　2025年08月

國家圖書館出版品預行編目（CIP）資料

世界很吵,心很安靜：品讀20杯陶淵明的酒,人生不管順境逆境都能豁達自由 / 費勇著. -- 初版. -- 臺北市：英屬維京群島商高寶國際有限公司臺灣分公司, 2025.08
面； 公分. --（Break；BK087）

ISBN 978-626-402-311-5（平裝）

1.CST: 人生哲學　2.CST: 自我實現

191.9　　114009692